Migración Mexicana: muros y mitos

Emeterio Guevara Ramos

ISBN-13:978-1548786397

ISBN-10:154878639X

This book has been assigned a CreateSpace ISBN.

DEDICATORIA

A todos aquellos que en la búsqueda de un mejor futuro
abandonaron sus lugares de origen con
la esperanza de encontrar un trabajo digno y remunerador.

CONTENTS

RECONOCIMIENTOS

A TODA LA GENTE DEL CAMPO Y LAS CIUDADES QUE LUCHAN POR EL BIENESTAR DE SUS FAMILIAS.

GRACIAS POR SUS ENSEÑANZAS DE VIDA.

1 MIGRACIÓN: EL PASADO

1. INTRODUCCIÓN

Al igual que en el resto del mundo, derivado de un proceso de globalización que provoca desempleo y pobreza en aquellos que no aprendieron o desarrollaron las habilidades requeridas por este proceso, en América Latina y el Caribe el fenómeno migratorio se ha venido expandiendo en volumen, dinamismo. Esta marginación da orígen a una complejidad durante las últimas décadas y está estrechamente vinculado con el mundo del trabajo y la búsqueda de oportunidades de empleo, ingresos y trabajo digno. Hoy día son pocos los países de la región que no forman parte de los movimientos migratorios, ya sea como países de origen, países de tránsito o de destino. Los Estados Unidos de América sigue siendo el principal polo de atracción para la mayoría de los trabajadores migrantes de América Latina y el Caribe y sus familias. Sin embargo, la migración se ha diversificado e intensificado en corredores de migración intra-regional hacia países como Argentina, Barbados, Brasil, Costa Rica, Chile, República Dominicana, Panamá y Trinidad y Tobago; y, en los corredores hacia fuera de la región a países como Canadá, España, Italia y Portugal.

Como vemos el mundo actual está en constante evolución debido a los fenómenos migratorios mundiales, México al contar como vecino a la potencia económica más importante del mundo, Estados Unidos, ha desarrollado un constante flujo de personas que emigran hacia ese país en busca de un empleo o de uno mejor remunerado. Adicionalmente sirve de país de tránsito para una enorme oleada de migrantes de Centroamérica. El flujo migratorio ha fomentado el establecimiento fijo o semifijo de familias mexicanas en Estados Unidos y también ha generado redes migratorias que alimentan de manera constante esos flujos, convirtiendo así a la migración en un factor de reunificación con la familia. Ese flujo circular se incrementó de manera importante en los últimos años del siglo pasado.

El incremento del flujo total hacia Estados unidos se debe en parte a que en 2016 la región de América Latina y el Caribe sufrió el mayor aumento de la tasa de desempleo urbano de las últimas dos décadas. Si bien este aumento, del 7,3% en 2015 al 8,9% en 2016, fue resultado, en buena parte, del desempeño del mercado laboral brasileño, la mayoría de los demás países de la región también presentaron un deterioro de sus mercados laborales.

En este segundo año consecutivo de contracción del producto regional, la tasa de ocupación urbana cayó marcadamente 0.7 puntos porcentuales, principalmente por la debilidad en la generación de empleo asalariado, que disminuyó un 0.5% en el promedio ponderado. La continua debilidad en la generación de empleo incidió en una reversión de la caída de la tasa de participación que se había observado durante los dos años anteriores, puesto que muchos hogares sintieron el impacto de un mercado laboral deteriorado y el número de miembros que buscaron un trabajo remunerado aumentó. Esta mayor presión desde los hogares se expresa no solamente en el incremento de la tasa de desempleo, sino también en el del trabajo por cuenta propia que, ante una débil generación de empleo asalariado, se caracteriza por ingresos bajos e inestables. Esto implica un deterioro de la calidad media del empleo que se refleja también en las bajas tasas de crecimiento del empleo registrado (que en varios casos son negativas) y en aumentos salariales más bajos.

En vista de que el empleo es la llave para reducir la pobreza, y tomando en cuenta la excesiva desigualdad en la región, las tendencias laborales recientes son altamente preocupantes. En efecto, se han frenado los avances en el combate de estos flagelos, lo que constituye un llamado a multiplicar los esfuerzos para "promover el crecimiento económico sostenido, inclusivo y sostenible, el empleo pleno y productivo y el trabajo decente para todos", tal como se establece en el Objetivo de Desarrollo Sostenible .

El deterioro de las condiciones laborales tiende a afectar, sobre todo, a grupos vulnerables, como las mujeres y los jóvenes con un bajo nivel de educación, y a inmigrantes, muchos de los cuales se desempeñan en ocupaciones precarias. Una masiva emigración laboral refleja serios problemas en los países de origen de los migrantes, y desde hace varias décadas América Latina y el Caribe es una región de emigración neta. Sin embargo, por diferentes motivos, últimamente la emigración extrarregional se ha desacelerado y, en términos relativos, la migración intrarregional ha ganado relevancia. Poco se sabe actualmente de las características de la inmigración hacia países de la región y la inserción laboral de estos inmigrantes.

Por todo lo anterior, la migración laboral se ha vuelto un tema de interés global. El informe "Estimaciones mundiales de la OIT sobre los trabajadores y las trabajadoras migrantes" de la Organización Internacional del Trabajo (OIT, 2015a) estimó que existen alrededor de 232 millones de migrantes en el mundo, de los cuales 150 millones son trabajadores migrantes: 65 por ciento del total. Además, la OIT ha desempeñado un papel clave para que este tema se incluyera entre los Objetivos de Desarrollo Sostenible en el marco de la Agenda 2030. Allí la meta 8.8 se ha definido en los siguientes términos: "Proteger los derechos laborales y promover un entorno de trabajo seguro y protegido para todos los trabajadores, incluidos los trabajadores migrantes, en particular las mujeres migrantes y las personas con empleos precarios".

La migración internacional de México hacia Estados Unidos tiene una larga tradición y un componente histórico, además de que data de hace más de un siglo, el sur de la frontera de Estados Unidos ha estado unida a México por lazos de cercanía. Actualmente, por el número de mexicanos que componen ese flujo migratorio y por el monto de las remesas se convierte en uno de los fenómenos migratorios más importantes en el mundo. Hay más inmigrantes mexicanos en Estados Unidos que de ningún otro país del planeta, y las personas de origen mexicano conforman las dos terceras partes de la comunidad latina en Estados Unidos.

Aunque existen tres factores principales en la migración -el familiar, el cultural y el económico -, uno de los que inciden con mayor impacto es el de las asimetrías económicas entre estos dos países ya que, por ejemplo, el salario por hora en Estados Unidos es ocho veces más que el salario en México. Esto explica el atractivo que representa para los trabajadores mexicanos emigrar hacia ese país.

Concomitante al fenómeno migratorio, está el envió de dinero -por parte de trabajadores mexicanos en Estados Unidos- a sus familiares. Las remesas internacionales según datos del Banco de México han llegado a representar la primera fuente de ingresos de divisas al país y según el informe del Banco Mundial sobre la pobreza en México, han sido un factor determinante en la reducción de los índices de la pobreza extrema del país. Estos dos datos son fundamentales para comprender el fenómeno migratorio, sus causas y sus efectos y sobre todo, para aprovechar los beneficios e impactos en el nivel de los hogares y su ingreso.

2. LOS IMPACTOS ECONÓMICOS DE LA MIGRACIÓN INTERNACIONAL

En los últimos años se incrementan los flujos migratorios a nivel mundial y con ellos crece el debate sobre los impactos de la migración internacional en las zonas y países de origen de los migrantes. Existe un enfoque generalizado de ver al fenómeno migratorio como una fatalidad o un problema de drenaje de capital y talento humano, que arranca a la población joven de sus comunidades de origen, que separa familias enteras.

Sin embargo, adicionalmente a esa visión, en años recientes emerge un enfoque alterno, que sin desconocer los efectos negativos del fenómeno migratorio, resalta los impactos positivos que junto con propuestas y proyectos complementarios pueden ayudar a resolver los problemas de marginación y pobreza de las comunidades de origen. Los principales impactos positivos son las remesas individuales y colectivas, los ahorros de los migrantes y las nuevas habilidades que ellos adquieren durante sus estancias en el extranjero.

Con mucho, el aspecto más estudiado es el impacto de las remesas. Así, se han realizado múltiples estudios sobre impactos de las remesas en Turquía, la India, Filipinas, África del Norte, Centroamérica y México, en todos ellos se coincide en que las remesas individuales (o familiares) actúan como un simple subsidio al consumo familiar, quedando un margen muy pequeño del 4 al 5 por ciento para pequeñas inversiones productivas en el comercio o el campo. Numerosas investigaciones realizadas en México ratifican esta apreciación del aporte de las remesas familiares como "welfare" para sostener a las familias que se quedan en las comunidades de origen.

Uno de los impactos económicos más directos de la migración internacional es el flujo de las remesas que los trabajadores hacen llegar a sus familias en México. Se trata de recursos que, en paralelo con la migración, se han venido incrementando en los últimos años, beneficiando a un número cada vez mayor de familias mexicanas. La crisis económica de 1995 provocó un crecimiento considerable del número de los hogares que utilizan la migración internacional como opción ante la falta de alternativas en México. Esa tendencia se detuvo la primera década de este siglo y empezó a disminuir a partir del 2011.

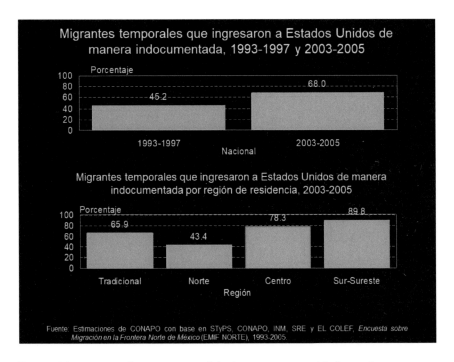

Las visitas a cabeceras municipales y comunidades altamente expulsoras permiten identificar algunos de los rasgos de los hogares beneficiados con las remesas. En estas familias a menudo se advierte: a) la ausencia del jefe del hogar b) mayor presencia femenina y de adultos mayores; y c) una más elevada razón de dependencia. Muchos de estos hogares son altamente vulnerables ante la posible interrupción del flujo de remesas, ya que es su única fuente de ingresos y, en consecuencia, dependen totalmente de estos recursos. Lo anterior confirma la enorme importancia de la migración hacia Estados Unidos y del impacto en la vida cotidiana de cientos de miles de familias mexicanas.

En la última década del siglo pasado el fenómeno migratorio está adquiriendo una nueva dinámica y se extiende más allá de los estados tradicionalmente expulsores. Resalta en la zona tradicional que más de la mitad de los municipios de Aguascalientes (63.6%), Durango (56.4%), Guanajuato (56.5%), Jalisco (58.9%), Michoacán (61.9%) y Zacatecas (70.2%) registran, en relación con este fenómeno, una intensidad alta o muy alta. También destaca la periferia de la Zona Metropolitana del Valle de México, integrada por los municipios del sur del Estado de México y Morelos, el norte de Guerrero, el sureste de Puebla y la zona mixteca (Oaxaca, Guerrero y Puebla), que presentan una intensidad migratoria tan alta como la de la zona tradicional. Igualmente, dos regiones del sur merecen atención especial: el centro de Oaxaca, que empieza a consolidar una creciente propensión migratoria, y el centro sur de Veracruz, que se está transformando en una zona de expulsión hacia los Estados Unidos. (Ver FIGURA 1 Y TABLA1).

TABLA 1

1- Los estados considerados como tradicionales de emigración son: Aguascalientes, Colima, Durango, Guanajuato, Jalisco, Michoacán, Nayarit, San Luis Potosí y Zacatecas.

2- La región norte comprende: Baja California, Baja California Sur, Coahuila, Chihuahua, Nuevo León, Sinaloa, Sonora
y Tamaulipas.

3- Región centro: Distrito Federal, Hidalgo, México Morelos, Puebla, Querétaro y Tlaxcala.

4- Sursureste: Campeche, Chiapas, Guerrero, Oaxaca, Quintana Roo, Tabasco, Veracruz y Yucatán.

5- Las localidades urbanas son aquellas que en el censo de 1990 contaban con 15 mil o más habitantes.

Fuente: HWCG con información de CONAPO (2004, 2015, 2017), Cuadros de Migración Temporal que se dirige a Estados Unidos,

Los siguientes aspectos son los más relevantes de la migración mexicana a los Estados Unidos y de las remesas que provienen de ese país:

1.- El fenómeno migratorio y las remesas constituyen aspectos generalizados en la vida del país, pues involucran a uno de cada cinco hogares mexicanos, elevándose tal proporción en algunas regiones, como las áreas rurales de nueve entidades federativas del centro-occidente de la República, donde de cada dos hogares uno está relacionado con el vecino país por recibir dólares, porque entre sus miembros hay alguno o porque algunos vivieron o trabajaron (o trabajan) en Estados Unidos o porque de esa familia salió alguna persona para radicar en Norteamérica.

2.- El fenómeno migratorio es complejo y no constituye un evento aislado o efímero en la vida de las familias, pues subsiste en ella mediante el ir y venir a Estados Unidos de varios de sus miembros durante muchos años, al punto que se mezclan, en los mismos hogares y a través de la participación directa de sus integrantes en los desplazamientos, distintas modalidades migratorias y diferentes momentos de realización de los viajes donde ellos se involucran.

3.- La relación con el fenómeno también se aprecia a través de las remesas, que en su mayoría pueden dividirse esquemáticamente en dos grupos (no necesariamente excluyentes): uno es el constituido por las remesas enviadas por uno de los integrantes del hogar, generalmente el mismo jefe de la familia, que al trabajar por temporadas o que se traslada más tiempo al país del norte, residiendo de hecho en ese país. El otro grupo se integra por los dólares que son enviados a México por antiguos integrantes del hogar (como los hijos) o por otros familiares, pero que ya tienen años de vivir en los Estados Unidos.

4.- Estos dos grupos de envíos de dinero, además de indicar también la prolongada relación de las familias con sus parientes en Estados Unidos, a lo largo de varias etapas de sus ciclos reproductivos, marca la existencia de dos tipos de categorías de hogares receptores o de dos momentos de recepción de remesas en la vida de las familias asociadas a las migraciones.

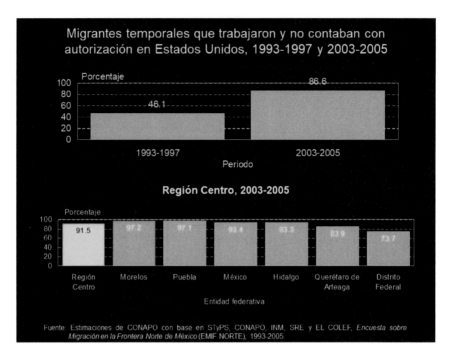

Una de estas categorías corresponde al primer tipo de envíos, se caracteriza por integrarse por hogares que se encuentran al inicio de su desarrollo, cuando los hijos son pequeños, cuando el jefe de familia tiene la edad adecuada para emprender el viaje y enfrentar condiciones adversas para lograr el trabajo y poder realizarlo y cuando la mujer puede hacerse cargo de las tareas cotidianas incluyendo la de obtener recursos si el dinero no llega.

La otra categoría, asociada al segundo tipo de remesas, comprende hogares en el otro extremo de su ciclo, cuando los hijos (todos o casi todos) se han ido para formar sus propias familias, cuando la pareja original tiene edades superiores a los 50 o 60 años, cuando con cierta frecuencia sólo sobrevive uno de los padres (generalmente la madre), cuando se dificulta la realización de un trabajo remunerado por el jefe de familia (que tiene edad avanzada) y cuando el contacto con los Estados Unidos ocurre por la residencia en ese país de algún antiguo miembro del hogar.

5.- La existencia de estas categorías de familias receptoras de remesas, que parece incluyen a la mayoría de las que reciben dólares, repercute en el uso de las remesas, porque en uno y otro caso las condiciones impiden la inversión de los dólares en algún proceso productivo, dada la necesidad de satisfacer de inmediato (y ante la ausencia de otros recursos) las necesidades básicas de comida, vestido, vivienda y algunos otros servicios, como educación y salud.

6.- Existe una nueva línea de investigación sobre las remesas colectivas y sus impactos, es decir, sobre aquellas remesas que reúnen las organizaciones de migrantes y envían a sus comunidades de origen para realizar diversas obras sociales de infraestructura o beneficencia colectiva que se convierten en complemento o sustituto de las inversiones públicas. Pero, que además, tienen como aspectos positivos que las remesas colectivas cohesionan a la comunidad de origen y a la comunidad de destino, posibilitando la formación de una Comunidad Binacional.

Así, las remesas colectivas convierten a la Comunidad Binacional en un nuevo actor político con interlocución frente al gobierno o el Estado. Adicionalmente las remesas colectivas facilitan negociar fondos concurrentes para crear programas del tipo 2x1 o 3x1 para financiar obras de infraestructura, que de otra manera no se llevarían a cabo.

7.- Actualmente está emergiendo un nuevo tipo de proyecto que pretende impulsar el desarrollo de las comunidades de origen. La remesa colectiva puede ayudar a transitar hacia propuestas de microproyectos productivos donde se involucren los ahorros y habilidades de los migrantes, los fondos concurrentes nacionales e internacionales, y las instituciones académicas y organismos no gubernamentales.

Bajo la perspectiva anterior, la migración internacional se convierte en un instrumento de apoyo a las estrategias integrales de desarrollo local y regional, que involucren a todos los actores del fenómeno migratorio para generar mayores impactos multiplicadores en la economía y en el empleo.

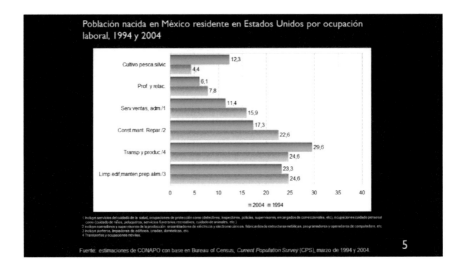

Sin embargo, es importante señalar que la migración no es un "camino real" que lleve al desarrollo económico, aunque en el contexto de pobreza, atraso y marginación; donde los empresarios, el ahorro y las habilidades laborales son recursos escasos, la migración puede ser un apoyo importante en propuestas de desarrollo local y regional, que permitan que los ahorros y nuevas habilidades de los migrantes, junto con los fondos concurrentes nacionales e internacionales tengan un impacto significativo sobre el tejido productivo y social en sus comunidades de origen.

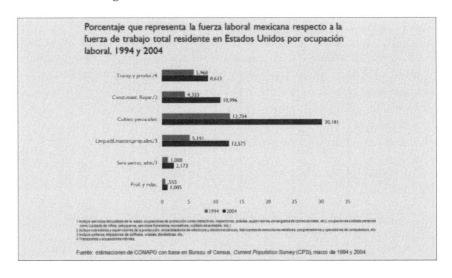

Por lo anterior, las propuestas planteadas por los Gobiernos estatales, a través de proyectos de "Fondo Migrante" adquiere mayor relevancia por: a) la creciente importancia de la migración de los mexicanos hacia los Estados Unidos, b) la maduración y protagonismo de las organizaciones de migrantes en Estados Unidos, y c) porque se comienza a aceptar la necesidad de políticas migratorias y una política de desarrollo para las zonas de origen de los migrantes.

El reconocimiento a lo anterior, se pone de manifiesto por el interés de los organismos internacionales ante este fenómeno y las actividades que están realizando en torno al mismo. El 19 de marzo del año 2017 en las instalaciones del Banco Mundial en la ciudad de Washington, D.C. se efectuó una reunión internacional llamada "Enfoques para eficientizar el uso productivo de las remesas" (1), sobre la cual vale la pena destacar tres aspectos:

Primero. Los estudios realizados por el Banco Mundial en la región sobre remesas, destacan la importancia y papel de las remesas colectivas como un "recurso de calidad" que refleja la existencia de una Comunidad Binacional, la cual está dispuesta a colaborar en los proyectos de desarrollo en sus países de origen. La otra parte importante es la sistematización de las iniciativas gubernamentales realizadas con base a las remesas que se pueden resumir en políticas solidarias basadas en remesas colectivas para proyectos sociales tipo 3x1, y políticas productivas con base a los ahorros de los migrantes, como las maquiladoras en Guanajuato.

Se concluyó con la necesidad de buscar la complementariedad de ambas políticas, aprovechar experiencias, corregir errores, integrar nuevos actores sociales, como los mismos organismos financieros internacionales, para lograr los mejores resultados posibles en las comunidades y regiones de origen de los migrantes.

Segundo. Las experiencias locales de microproyectos muestran el gran abanico de oportunidades que existen en ese aspecto y, al mismo tiempo, la enorme necesidad de fortalecer las organizaciones de migrantes a nivel socioeconómico, técnico, organizativo y posibilitar su independencia y autogestión económica y política.

Tercero. A partir de la transferencia electrónica de remesas a surgido un mercado codiciado para más de 170 empresas competidoras, que a pesar de su número presentan un marcado mercado oligopólico con un claro dominio de Money Gram y Western Unión.

Con esa misma orientación, el Banco Interamericano de Desarrollo (BID) realizó en la Ciudad de Washington, el 17 de mayo del año 2016 la Conferencia Regional denominada "Las Remesas como Instrumento de Desarrollo" con la finalidad de analizar la importancia macroeconómica de las remesas; los mecanismos para reducir el costo de las transferencias y las propuestas para canalizar el ahorro de los emigrantes hacia inversiones productivas (2) donde se concluyó que conjuntamente con la liberalización de los movimientos de los bienes, servicios y capitales en América Latina se verifica un fenómeno migratorio significativo, como expresión de la creciente movilidad laboral.

Se resaltó que la falta de oportunidades económicas y sociales especialmente para los jóvenes, los diferenciales salariales, aunados al impacto de las reformas estructurales sobre los precios relativos del capital y la mano de obra, explican y estimulan al mismo tiempo las corrientes migratorias de países de la región, donde México se ha convertido en un gran exportador de recursos humanos, e importador de remesas familiares, que forman ya parte importante de los ingresos de los trabajadores y sus familiares en sus lugares de origen.

Trasferir esas enormes sumas de dólares requiere de mejoras en el proceso de envío y utilización de las remesas ya que se observan amplias fallas de mercado, que se traducen en el alto costo de transacción como proporción de las sumas transferidas que se cargan para el envío y la recepción de las remesas, así como el escaso número de firmas que ofrecen el servicio en el mercado de destino. Lo que acarrea problemas tanto de equidad como de eficiencia.

La creciente importancia del valor de las remesas, la mejora en la información del emigrante, su creciente organización y el apoyo de los Gobiernos de los estados de origen han favorecido una mayor competencia, surgiendo nuevos mecanismos y actores, que están redundando en una reducción del costo de transferencia, tendencia que se está beneficiando de la aparición de innovadores mecanismos electrónicos de transmisión. Si bien la dirección es la correcta, el ritmo es aún lento, por lo que deben apoyarse los esfuerzos para la reducción en el costo de envío de remesas.

Se estima que un 70 por ciento del valor de las remesas se dirige a localidades con escasa o nula presencia de instituciones de banca. No obstante, se ésta experimentando un intenso proceso de expansión de sistemas de ahorro popular, que abre interesantes posibilidades de cooperación entre cooperativas de ahorro y crédito y sociedades de ahorro popular de los estados y municipios de destino de los fondos.

En este sentido, las instituciones de microfinanzas que operan en áreas geográficas y nichos de mercado donde rara vez incursionan instituciones bancarias se perfilan como intermediarios naturales entre los ahorradores y destinatarios de los fondos. La banca comercial está comenzando a mostrar su interés por participar en este mercado, lo cual supone el reto adicional de transformar e negocio de transferencias en un negocio de intermediación y servicios financieros integrales para la comunidad receptora.

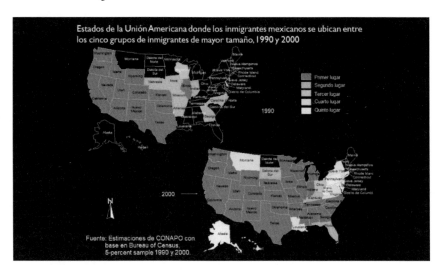

Los últimos años han conocido enormes progresos en la consolidación de asociaciones de emigrantes. Sólo en Estados Unidos hay censadas más de cuatrocientas asociaciones mexicanas. Algunas comunidades han aprovechado con éxito esta relación para movilizar remesas colectivas como donaciones con fines sociales complementándolas con aportaciones de los distintos niveles de Gobierno (municipal, estatal y federal, en el caso mexicano). El reto es aprovechar estas redes para involucrar a los emigrantes en una participación activa en el desarrollo económico de sus comunidades de origen. Se trata de centrarse en movilizar el capital ahorrado por los emigrantes de mayores ingresos, buscando su participación en mecanismos financieros o su asociación con socios locales en inversiones productivas, incorporando a las comunidades de emigrantes activamente en el diseño de estas iniciativas.

Así mismo, es necesario que tanto los gobiernos estatales como el federal establezcan programas para generar la infraestructura primero, y después los proyectos productivos para crear los empleos que permitan retener a nuestros compatriotas y aprovechar su esfuerzo y talento en construir una economía sólida aquí en México en lugar de hacerlo en Estados Unidos. La estructura, los procesos y la cantidad del flujo migratorio sufrirá de una modificación profunda debido a las políticas, programas y leyes del nuevo inquilino de la Casa Blanca: Donald Trump.

3. LA POBLACIÓN MEXICANA MIGRANTE EN ESTADOS UNIDOS

A. CAUSAS Y CARACTERÍSTICAS

La migración de mexicanos hacia Estados Unidos tiene una larga historia y además responde a factores diversos como las asimetrías y la creciente integración económica.

Estas asimetrías económicas están caracterizadas por el intenso ritmo de crecimiento demográfico de la población mexicana en edad laboral frente a la dinámica de la economía nacional en las tres últimas décadas, que ha derivado en un panorama decreciente en el ritmo de generación de empleos.

Adicionalmente en el año de 1995, se dio una disminución significativa del poder adquisitivo del salario, además de que es considerable el diferencial salarial entre ambas economías como se observa en la TABLA 2, donde su última columna muestra que en el diferencial de los salarios en ambos países sigue siendo en un orden de 8 a 1.

Aunado a ello, el crecimiento de la economía norteamericana requiere de mano de obra que no puede encontrar en su país, lo que significa un fuerte atractivo para los mexicanos para emigrar. En los años de recesión (de 1996 a 1998) este diferencial alcanzó un orden de 13 a 1. Los datos del año 2007 muestran que el diferencial sigue siendo de 8 a uno.

Las características de las economías de México y Estados Unidos están cambiando e integrándose y la mano de obra mexicana se convierte cada día más en un factor de estímulo al desarrollo de la economía norteamericana. También las características de los mexicanos que migran están cambiando.

Adicionalmente a los trabajadores del campo con poca educación, en los últimos años están emigrando personas educadas que estando empleadas en industrias modernas fueron despedidos por "reducción de personal" y se vieron obligados a emigrar.

La emigración mexicana actualmente no es función exclusivamente de la carencia de empleo o de empleos mejor remunerados, sino también de procesos de globalización y reestructuración industrial que están afectando a la clase media.

Como contrapartida, los mexicanos que no emigran a pesar de tener parientes en el exterior aducen una serie de razones, más allá de la casi imposibilidad de la migración legal, y los riesgos de la ilegalidad que muchos no desean correr, la separación familiar es el obstáculo principal.

Al referirnos a las asimetrías, uno de los mejores indicadores de ella, la encontramos en las diferencias en el ingreso per cápita que ilustran las diferencias entre ambas economías. Mientras en Estados Unidos es de 32,500 en el país es de 8,250 dólares, lo que implica casi una cuarta parte del reportado en Estados Unidos.

La magnitud de los datos no es sorprendente dado los niveles de pobreza y desigualdad en varios estados de México, las crisis económicas recurrentes y la existencia de una cultura de migración hacia Estados Unidos basada en la enorme diferencia de salarios. Un informe reciente del Banco Mundial (2007) señala que a pesar de los esfuerzos, México ha logrado disminuir la pobreza y la desigualdad sólo levemente. Lo mismo ocurre con los indicadores de desarrollo humano que en algunos estados de migración tradicional han descendido del 2003 a la fecha.

Estimaciones recientes sitúan en poco más de 11.7 millones de personas a la población nacida en nuestro país que reside en Estados Unidos ya sea de manera legal o ilegal. Al mismo tiempo datos del 2007 reportan 19.4 millones de descendientes de mexicanos para darnos un total de 31.1 millones. Lo anterior revela la magnitud de los cambios en la dinámica migratoria y en el nivel de interacción entre ambos países.

Ya explicamos que una de las razones fundamentales para que la gente emigre es la situación económica, personal o nacional. El subempleo y los salarios bajos complementan este proceso. En casi todos los casos, la red familiar en el exterior funciona como un estímulo adicional para que el emigrante se decida a marchar. En muchos casos la decisión es compartida por la familia o por algunos miembros de la familia.

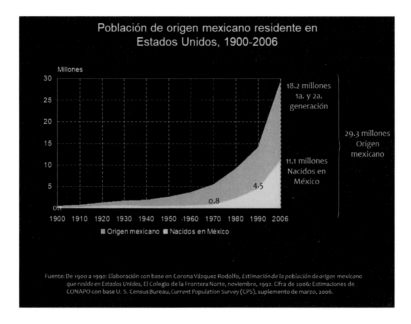

Gráfica 1
Fuente: HWCG con información de Estimaciones de CONAPO 2005, PHC 2007

El impacto social se deriva de la ausencia temporal del jefe de la familia, pero en otros casos se transforma en permanente, lo cual crea traumas humanos, especialmente en el caso de mujeres cuyos esposos han pasado un tiempo prolongado en el exterior. Pero no sólo en esos casos. La separación siempre es motivo de tristeza e incertidumbre en los casos de hijos o padres que se han ido y cuyo regreso se hace cada vez más improbable. La familia, en el caso mexicano, es un componente muy importante en ese complejo problema de la emigración.

Así pues, los flujos migratorios de México han sido en el pasado una respuesta a la demanda de la economía norteamericana de un mayor número de nuevos trabajadores. Sin embargo, una amplia variedad de factores que van desde las condiciones económicas hasta las relaciones familiares de los mexicanos han propiciado que las tasas de emigración se hayan estabilizado.

Durante el primer trimestre del año 2007, la población de origen mexicano, incluyendo los inmigrantes legales, los visitantes legales y los migrantes no autorizados se incrementaron a una tasa más baja que en los dos años previos.

Los datos de la tendencia muestran que los mayores incrementos de población mexicana que ingresó a los Estados Unidos se dieron durante el período de 2004 y 2005 llegando a una estabilización en el crecimiento a mediados del año 2006.

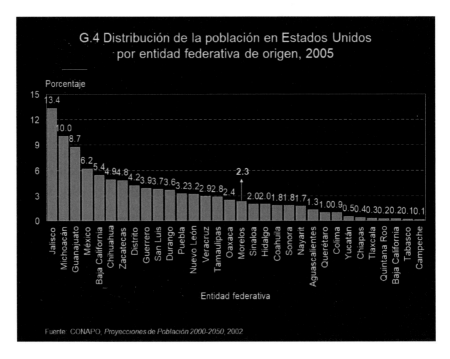

G.4 Distribución de la población en Estados Unidos por entidad federativa de origen, 2005

Fuente: CONAPO, Proyecciones de Población 2000-2050, 2002

Mientras que el número total de mexicanos que se sumó a la población norteamericana es significativamente mayor durante los tres años anteriores, los datos de la medición mes a mes o trimestre a trimestre muestran que el crecimiento en la tasa se ha detenido. La Current Population Survey (CPS), realizada por el Census Bureau y el Labor Department's Bureau of Labor Statistics es la fuente autorizada para realizar estas mediciones.

A mediados del año 2000, los mexicanos viviendo en los Estados Unidos que arribaron desde o a partir de 1990 eran casi 4 millones. Esa población alcanzó los seis millones a principios del 2004 y casi 7

millones en el primer trimestre del 2007
(Gráfica 2).

POBLACIÓN NACIDA EN MÉXICO

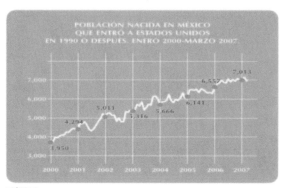

GRÁFICA 2
Nota: Los puntos de enero se resaltaron para cada año de referencia. La línea de 2007 representa una regresión lineal para el período completo. La pendiente de 39,000 puede ser interpretada como el incremento mensual de la población nacida en México que entró a Estados Unidos en 1990 o después.

Gráfica 2. Fuente: HWCG con datos del Pew Hispanic Center y de la Current Population Survey, Mayo 2007.

Nota: Los puntos de enero se resaltaron para cada año de referencia. La línea de 2007 representa una regresión lineal para el período completo. La pendiente de 39,000 puede ser interpretada como el incremento mensual de la población nacida en México que entró a Estados Unidos en 1990 o después.

El análisis de estos datos apuntan a la misma tendencia: la población nacida en México que llega a Estados Unidos continúa incrementándose en 2006 y 2007 pero a una tasa menor que en 2004 y 2005. La nueva tendencia es más evidente en los datos de población del primer trimestre del 2007.

Sin embargo, el análisis de los datos muestra que la tendencia empezó a desarrollarse a mediados del 2006. Una manera de darle seguimiento a la tendencia es comparar el tamaño de la población de un trimestre de un año con el mismo trimestre del año anterior. Eso provee de una medida de cuanto ha crecido la población durante 12 meses y muestra cómo varía el nivel de crecimiento durante cuatro periodos a lo largo de un año.

Durante los ocho trimestres de 2005 y 2006, el incremento anual de la población emigrante mexicana fue de 495 mil personas en promedio (FIGURA 2). Esta conclusión se deriva de la comparación de los cuatro trimestres de 2005 con los del 2004; y los de 2006 comparados con los mismos de 2005. En otras palabras, la nueva emigración mexicana se incrementó en promedio en 495 mil personas anuales durante 2005 y 2006.

Otra manera de analizar la información es comparar la tasa de incremento anual de forma trimestral. Otra vez, el primer trimestre del 2007 es diferente del promedio de los ocho trimestres que le preceden. En promedio, la población creció a una tasa del 8.0% al año durante 2005 y 2006 (FIGURA 3). Durante el primer trimestre del 2007, continúo el crecimiento, pero la tasa anual de incremento fue menor, apenas alcanzó el 4.2 por ciento.

PROMEDIO DE LA POBLACIÓN NACIDA EN MÉXICO QUE ENTRÓ A ESTADOS UNIDOS EN 1990 O DESPUÉS, ENERO 2000-MARZO 2007.

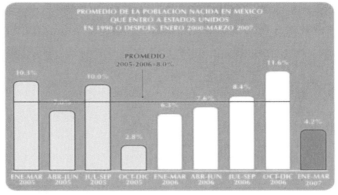

FIGURA 3
Nota: El porcentaje de incremento anual es el incremento en la población del trimestre del año previo.
Fuente: HWCG con datos del Pew Hispanic Center y de la Current Population Survey, Mayo 2007.

FIGURA 3

Nota: El porcentaje de incremento anual es el incremento en la población del trimestre del año previo. Fuente: HWCG con datos del Pew Hispanic Center y de la Current Population Survey, Mayo 2007.

B. CARACTERÍSTICAS DEMOGRÁFICAS DE LOS MEGRANTES MEXICANOS

Según datos recientes (Mayo, 2007) de la Current Population Survey de Estados Unidos, de los 11.7 millones de mexicanos que residen en Estados Unidos, el 57.8% eran hombres y el 42.2% son mujeres; 9.1% tiene menos de 15 años, el 72.0% se encuentra entre los 15 y los 44 años de edad; y el 18.9% tiene más de 45 años.

El 74.4% de los emigrantes mexicanos residen en California, Texas, Illinois, Arizona y Nuevo México; 7 de cada 10 residentes de 15 años o más son económicamente activos, distribuidos de la siguiente manera: 8.3% en el sector primario, 35.8% en el secundario y el 55.9% en el terciario, lo anterior implica que el trabajo en el campo está dejando de ser atractivo para los mexicanos y se están ocupando en su mayoría el trabajo de los servicios.

A pesar del estereotipo del mexicano que emigra a Estados Unidos como el obrero no calificado cuyo nivel de escolaridad es escaso, y de que generalmente la emigración se ha vinculado con la región de la altiplanicie central, sin embargo, en los últimos años el migrante típico proviene de la clase media y cada vez está mejor educado.

A partir del 11 de septiembre del 2001 el flujo migratorio cambió su patrón para convertirse en uno más complejo y heterogéneo. Este hecho se expresa en una estancia más larga de los migrantes o bien en el establecimiento de su residencia permanente en el vecino país del norte.

Se estima que la estancia de la mayoría de los migrantes temporales se alarga hasta por un año en promedio, es decir, entre 50 a 52 semanas. Y tan sólo en la década de 1991 al 2000, 3 millones de mexicanos establecieron su residencia en la Unión Americana, cuyo saldo anual neto fue de más de 400 mil personas por año.

21

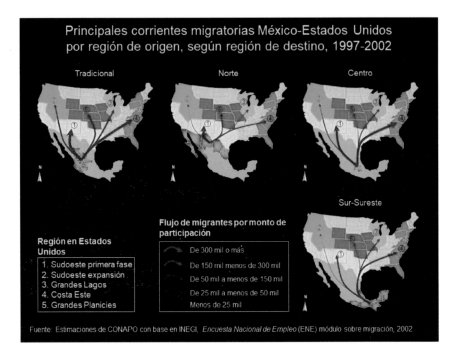

Principales corrientes migratorias México-Estados Unidos por región de origen, según región de destino, 1997-2002

Fuente: Estimaciones de CONAPO con base en INEGI, Encuesta Nacional de Empleo (ENE) módulo sobre migración, 2002.

El origen geográfico de los migrantes se ha extendido más allá de las entidades tradicionales de emigración. Eso no significa que en dichas áreas la tendencia sea su disminución, sino que se ha incrementado en otras. Por ello, cada vez es más notoria la presencia de migrantes de las zonas urbanas.

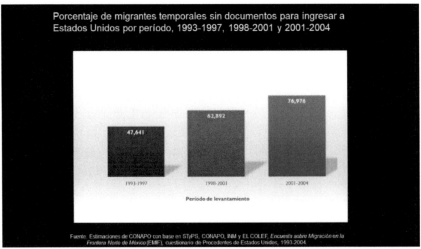

Porcentaje de migrantes temporales sin documentos para ingresar a Estados Unidos por período, 1993-1997, 1998-2001 y 2001-2004

Fuente: Estimaciones de CONAPO con base en STyPS, CONAPO, INM y EL COLEF, Encuesta sobre Migración en la Frontera Norte de México (EMIF), cuestionario de Procedentes de Estados Unidos, 1993-2004.

Ejemplos de los anterior son la zona Metropolitana de la Ciudad de México, la zona conurbada del Estado de México y algunas otras ciudades intermedias, además de absorber a los migrantes internos, están sirviendo de plataforma para la migración a los Estados Unidos.

C. EL IMPACTO PARA LAS FAMILIAS DE MIGRANTES

La situación económica que impulsa al migrante a buscar mejores ingresos se ve reflejada por las remesas de los familiares en Estados Unidos que proporcionan un cierto grado de tranquilidad. No obstante que los gastos fijos del hogar representan el uso principal de las remesas, una pequeña parte utiliza las remesas para el ahorro y para la inversión, para el terreno y la construcción de casas.

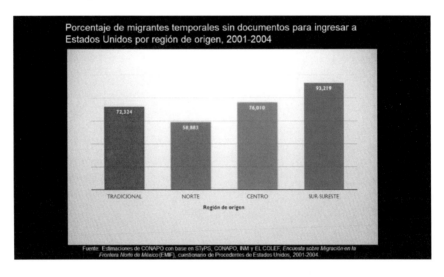

Por su parte, las mujeres las utilizan para capitalizar pequeñas empresas, específicamente la de la confección (compra de máquinas industriales), los salones de belleza (compra de equipos) y el alquiler de una parte de la vivienda familiar a estudiantes universitarios. En estos casos, el ingreso que generan los negocios así establecidos se utiliza para los gastos normales y las remesas se canalizan para la capitalización y el ahorro.

En resumen, las remesas posibilitan no solamente la manutención de muchas familias sino en un número de casos fomentan las microempresas, el empleo por cuenta propia, y el cuidado de los niños y ancianos. Sin embargo, la separación y la incertidumbre del regreso del familiar que emigró crea un cuadro de tragedia humana de hondas dimensiones. El precio que se tiene que pagar para obtener las remesas que generan el ingreso de salvación de la familia es el de la desintegración de la misma.

Anteriormente, la emigración se había descrito con frecuencia como una "válvula de escape" para los desempleados, en la actualidad el desplazamiento de personas desde México también se ha convertido en una fuente importante de sustento de los mexicanos que se quedan en el país y una fuente importante de ingresos en favor de la economía mexicana. Por ello, la emigración no sólo le representa a México una «válvula de escape», sino también una «bomba de combustible».

En suma, las remesas no sólo permiten mantener el hogar, sino que en muchos casos fomentan microempresas, el trabajo por cuenta propia y el cuidado de niños y personas de la tercera edad.

D. MIGRACIÓN Y GÉNERO

Hasta los años 70 la mayoría de los estudios sobre migración internacional se centraban explícitamente sólo en los migrantes hombres (percibidos como trabajadores) o asumían implícitamente que la mayoría de las personas migrantes eran hombres. Estos supuestos no se basaban en datos estadísticos puesto que, tanto entonces como ahora, la mayoría de los datos sobre migración internacional no están clasificados por sexo.

Desde la década de los ochenta la proporción de mujeres migrantes ha crecido de forma constante, hasta alcanzar el 38% en 1990 y casi el 42% en el 2000. La gran diferencia con respecto a las décadas anteriores es el cambio en el rol económico de las mujeres migrantes. Las mujeres se desplazan cada vez más de forma autónoma para incorporarse a la fuerza laboral, y no como dependientes de los hombres migrantes.

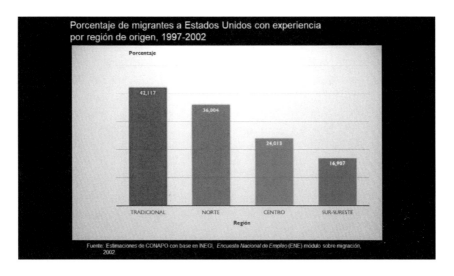

La posición de las mujeres migrantes en los Estados Unidos se caracteriza por la concentración en un número muy reducido de ocupaciones típicamente femeninas asociadas a roles tradicionales de género en los trabajos llamados SALEP (Shunned by all Nationals Except the Very Poorest) y "3D" (dirty, dangerous and degradating): servicio doméstico, sector del entretenimiento, ayudantes en el sector de hostelería, limpiadoras, vendedoras y trabajadoras manuales. Estos son trabajos precarios que se caracterizan por los bajos salarios, la ausencia de protección social y las malas condiciones laborales.

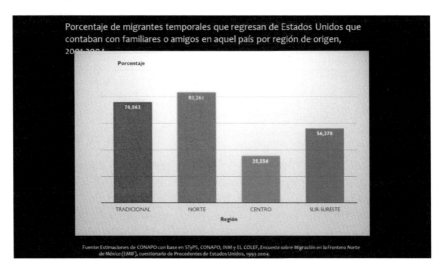

Normalmente las mujeres migrantes tienen mayores tasas de desempleo que las mujeres nativas, y ganan sueldos más bajos que los hombres migrantes y las mujeres nativas. Según datos del 2007, el ingreso medio de una trabajadora migrante de tiempo completo era de $22,705, la de una mujer nativa era de $27,864, la de un hombre migrante de $28,423 y el de un hombre nativo de $39,821. Aproximadamente un 18.3% de las mujeres migrantes viven por debajo de la línea de pobreza frente a un 15.2% de los hombres migrantes. El 31% de los hogares encabezados por una mujer migrante son pobres, en comparación con el 15%% de los encabezados por un hombre migrantes.

Para tener una idea de la magnitud del número de mujeres migrantes trabajando en el servicio doméstico de la migración laboral en Estados Unidos el 58% de la migración mexicana formada por mujeres trabajan en el servicio doméstico (2005).

E. EMPLEO DE LA POBLACIÓN DE ORIGEN HISPANO

Debido al crecimiento de áreas como la construcción y a la expansión de la economía en otras ramas, el empleo de la población de origen latino se ha incrementado a partir del año 2003. La población de origen mexicano fue del 60% de la población latina en el 2006. Durante el primer trimestre del 2007, el empleo de la población de origen latino se incrementó en 350 mil (FIGURA 4). Esta cifra fue menor que el crecimiento del primer trimestre de los tres años anteriores cuando alcanzó los 651 mil entre los años de 2004 y 2006.

EMPLEO DE POBLACIÓN DE ORIGEN HISPANO MEDIDO POR TRIMESTRES.

Por alguna razón, el año 2005 registro una baja en todos los indicadores. Considerando el volumen alcanzado por las remesas, desde diversos organismos oficiales se destaca también la contribución de las remesas a la estabilidad macroeconómica de los países de origen de la migración. En particular, se constata que, frente a otras fuentes tradicionales de divisas, las remesas muestran un mayor dinamismo y estabilidad, lo que las convierte en un ingreso más fiable y que permite solventar situaciones de crisis. De hecho, las series históricas muestran que en épocas de crisis económica, cuando suele darse una huida de los capitales extranjeros y del ahorro nacional, las remesas, en cambio, se incrementan (Ratha, 2003; Canales y Montiel, 2004). Tal fue el caso de México en 1995, Indonesia en 1997, Ecuador a partir de 1999 o Argentina después de 2001.

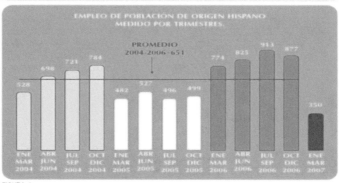

FIGURA 4
Nota: El porcentaje de incremento anual es el incremento en la población del trimestre del año previo.
Fuente: HWCG con datos del Pew Hispanic Center y de la Current Population Survey, Mayo 2007.

FIGURA 4
Nota: El porcentaje de incremento anual es el incremento en la población del trimestre del año previo. Fuente: HWCG con datos del Pew Hispanic Center y de la Current Population Survey, Mayo 2007.

Una primera distorsión en el análisis de los impactos de las remesas surge cuando se intenta dimensionar el valor global de las remesas en relación con diversos indicadores macroeconómicos. Tradicionalmente se han usado como medidas de comparación indicadores directamente relacionados con la generación de divisas, como las exportaciones petroleras, las exportaciones de la maquila, la inversión extranjera directa, entre otras. Si bien esta comparación en sí no es incorrecta, el error está en asumir implícitamente que las remesas, al ser una fuente de divisas similar a las anteriores, tendrían también similares propiedades y efectos macroeconómicos. Para ser precisos, habría que señalar más bien que estas comparaciones nos dan una buena idea de la dimensión cuantitativa de las remesas, pero en ningún caso de sus posibles impactos y efectos en la economía mexicana. En este sentido, en nuestro caso preferimos usar como indicadores de comparación no sólo los relacionados con la generación de divisas, sino también aquéllos que miden otros aspectos de la economía nacional, como lo son el producto interno bruto, el valor de las remuneraciones totales, el valor de las remuneraciones generadas por la industria maquiladora, el gasto en consumo de los hogares, entre otros. Estos indicadores nos dan una mejor idea del impacto de las remesas entendidas no sólo én como un fondo salarial.

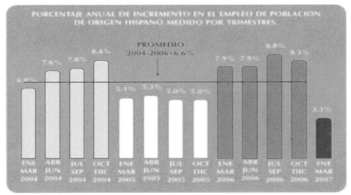

FIGURA 5
Nota: El porcentaje de incremento anual es el incremento en la población del trimestre del año previo.
Fuente: HWCG con datos del Pew Hispanic Center y de la Current Population Survey, Mayo 2007.

FIGURA 5
Nota: El porcentaje de incremento anual es el incremento en la población del trimestre del año previo.
Fuente: HWCG con datos del Pew Hispanic Center y de la Current Population Survey, Mayo 2007.

El empleo de la población de origen hispano creció a una tasa de 3.3% en el primer trimestre del 2007 (FIGURA 5). Este crecimiento fue menor que el observado durante los tres años previos. El promedio de crecimiento del empleo desde el inicio de 2004 hasta el final del 2006 fue de una tasa de 6.6%.

Los trabajadores hispanos se han visto favorecidos por el crecimiento de empleo desde 2004 en la Industria de la construcción. Esta tendencia continúa hasta el primer trimestre del 2007. El incremento de trabajadores latinos en la industria de la construcción fue de 230 mil en comparación con el primer trimestre del 2006. El incremento en empleo durante 2007 está por debajo de la tendencia de esta industria así como del promedio en los tres años previos.

Desde el inicio del 2004 hasta el final del 2006, el empleo de latinos en la rama creció en promedio 286 mil personas anualmente medido en base a trimestres comparados con los de los años previos. Por ejemplo, en 2006 el empleo se incrementó en 424 mil en el segundo trimestre, 341 mil en el tercero y 370 mil en el cuarto trimestre comparado con los mismos trimestres en el 2005. En el primer trimestre del 2007 el incremento fue de 230 mil comparado con el primer trimestre del 2006.

4. LAS REMESAS Y SU IMPORTANCIA PARA LA ECONOMÍA NACIONAL Y LAS ECONOMÍAS LOCALES

A. INGRESO AL PAÍS POR CONCEPTO DE REMESAS FAMILIARES.

En México existe un amplio consenso en el sentido que las remesas de los migrantes mexicanos en Estados Unidos tienen un fuerte impacto en el desarrollo de las economías locales y regionales.

Las posiciones varían desde las muy optimistas, que valoran el impacto económico actual y también las potencialidades futuras de estos recursos para combatir el rezago y la pobreza, hasta las más pesimistas, que ven en las remesas recursos económicos que no han promovido el desarrollo, y cuyo impacto no se concentra necesariamente en los lugares de donde son originarios los migrantes, además de que no han probado ser recursos para abatir la pobreza (Arroyo y Corvera 2003, Hamilton 2003, Arroyo y Berumen 2002, Canales 2002).

Al abordar el asunto de las remesas desde una perspectiva de desarrollo, debe quedar claro que se habla de un flujo privado, que va a seguir siéndolo. No obstante, con las medidas adecuadas, se puede incrementar el potencial de las remesas como catalizador de acciones de desarrollo en los países beneficiarios.

Aún cuando en los últimos diez años un creciente número de protagonistas asigna una importancia significativa al impacto de las remesas en el desarrollo y crecimiento económico, la magnitud de su contribución recién será apreciada cuando haya un mayor conocimiento y una medición más precisa de estos flujos hacia México y Guanajuato. Este informe, busca entender los retos y las oportunidades asociadas a la medición de remesas.

El tema de las remesas y su importancia para la economía del país y de los hogares que tienen estos ingresos, es hoy de una gran trascendencia no sólo de dimensiones económicas, sino políticas y sociales. Si bien es cierto que las remesas no constituyen en sí un elemento nuevo; el estudio de métodos que maximicen su impacto en los procesos de desarrollo sí es relativamente novedoso.

Aunque el crecimiento en las cifras por el ingreso de remesas continúa en ascenso, los aumentos han sido más importantes a partir del año 2000, pues han superado los montos respectivos de ingresos por turismo y de la inversión extranjera directa.

Varios factores explican por qué este aumento: uno de ellos es el flujo migratorio constante de trabajadores mexicanos hacia Estados Unidos (como principal destino de los emigrantes mexicanos); otros factores son la disminución de los costos por el envío de remesas y un mejor seguimiento de los movimientos de remesas por el banco central.

Hace dos décadas en México no se tenía la certeza de la cantidad de dinero que ingresaba al país por concepto de remesas que enviaban los trabajadores migrantes desde los Estados Unidos. Incluso este rubro no aparecía en los informes anuales de la balanza de pagos elaborados por el Banco de México (Lozano, 2004:2).

Suele señalarse que por su magnitud, las remesas constituyen cada vez más una fuente insustituible de divisas para el país, contribuyendo a mantener los necesarios equilibrios macroeconómicos externos. No obstante, por lo general se olvida mencionar que esto se da en un contexto más amplio de transformaciones en la estructura del comercio exterior de México. En efecto, en 1990 el petróleo constituía el principal proveedor de divisas del país. Las exportaciones petroleras en esos años representaban un valor similar al de los ingresos generados conjuntamente por la industria maquiladora, el turismo, la inversión extranjera directa y las remesas. En 2004, en cambio, óleo se mantiene en el primer lugar como fuente generadora de divisas, destacan también la importancia que han adquirido tanto la inversión extranjera directa, como las exportaciones netas de la industria maquiladora y las remesas enviadas por los migrantes. En conjunto, las divisas generadas por estas tres actividades son más de 2.3 veces superiores a las generadas por el petróleo.

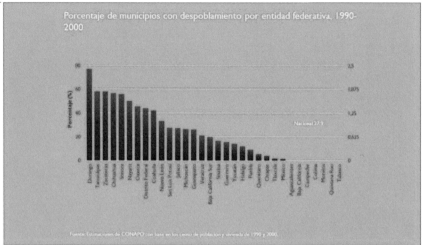

Al analizar la distribución territorial de las remesas en México, tomando como eje de análisis el nivel de desarrollo económico (o grado de marginación) municipal, se descubre que las remesas enviadas a México no se reciben en las regiones con más alto grado de marginación, por el contrario, se concentran en municipios con bajo o muy bajos niveles de marginación. Asimismo, pese a que las remesas constituyen un ingreso muy importante para la economía del país, su impacto económico se expresa fundamentalmente en los niveles local y regional. La distribución territorial de los hogares receptores de remesas de Estados Unidos y del monto mensual de estos recursos refleja, en general, el patrón de distribución territorial de la migración que no necesariamente coincide con la característica de la marginación.

La distribución por regiones indica que el 47.1% de los hogares receptores de remesas se concentran en las nueve entidades que conforman la región tradicional de migración internacional: Jalisco, Guanajuato, Michoacán, Zacatecas, Colima, Nayarit, Aguascalientes, San Luís Potosí y Durango. En rigor, esta distribución territorial de los hogares que reciben remesas, tanto por origen rural-urbano, como por grandes regiones de migración muestra, como se mencionaba, la distribución territorial de la población migrante (Durand y Massey 2003).

Un panorama similar se observa en la distribución territorial del monto de remesas. El flujo de remesas se distribuye prácticamente por igual entre localidades rurales y urbanas. Sin embargo, llama la atención que cerca del 44% de este flujo de dinero se concentra en hogares del estrato de muy baja marginación y, a su vez, con una alta concentración en localidades urbanas. El dato crudo es que del flujo total de remesas que se transfieren a México, más de una tercera parte lo reciben familias urbanas y de los municipios con más bajo grado de marginación, lo que de entrada exhibe una concentración de las remesas en este tipo de hogares.

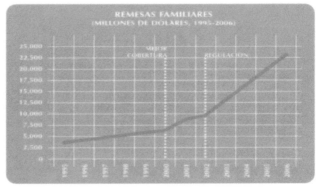

GRÁFICA 3
Nota: El porcentaje de incremento anual es el incremento en la población del trimestre del año previo.
Fuente: HWCG con información del Banco de México.

GRÁFICA 3
Nota: El porcentaje de incremento anual es el incremento en la población del trimestre del año previo.
Fuente: HWCG con información del Banco de México.

El incremento de las remesas ha sido espectacular a partir del año 2000 en el que la tendencia inicia su despegue con fluctuaciones hasta el año 2002 en el que inicia la inflexión para lograr una pendiente casi lineal (GRÁFICA 3)

Los datos presentados en la sección anterior nos permiten afirmar que, contrario a lo que se dice en los discursos oficiales, el impacto macroeconómico de las remesas no parece ser tan significativo, especialmente en términos de su capacidad para promover un proceso de crecimiento económico y desarrollo social. En este sentido, en esta sección nos interesa comprobar si el comportamiento macroeconómico de las remesas es mucho más sensible a las condiciones socioeconómicas y de vida de la población o, por el contrario, responde más directamente a las condiciones de inversión y crecimiento económico de cada país. En el primer caso, las remesas se asemejarían mucho más a un ingreso familiar, mientras que en el segundo podrían considerarse como un fondo de ahorro e inversión productiva. Esta distinción no es casual, pues indican distintos impactos y potencialidades de las remesas en términos de promoción del crecimiento y desarrollo económicos.

FIGURA 6
Nota: El porcentaje de incremento anual es el incremento en la población del trimestre del año previo.
Fuente: HWCG con información del Banco de México.

FIGURA 6
Nota: El porcentaje de incremento anual es el incremento en la población del trimestre del año previo.
Fuente: HWCG con información del Banco de México.

Así, tenemos que al cierre del 2003, las remesas familiares que los trabajadores migrantes enviaron a sus familias en México alcanzaron el monto récord de 13 mil 396 millones de dólares, que significó un incremento del 35.16% respecto del año 2002 (FIGURA 6). Este resultado refleja por un lado, una mejor cobertura contable de las transacciones de remesas y, por otro lado, que un mayor número de emigrantes efectuaron envíos de recursos a sus familiares en México.

Se estima por el Banco de México que en este año se efectuaron 41.3 millones de transacciones o movimientos, con un monto promedio de 321 dólares (Banco de México, 2004a:1). De este año al 2007 las remesas alcanzaron la cifra histórica de 23, 054 millones de dólares. Aunque otras estimaciones que incluyen los envíos a través de familiares y correo ubican la cifra en 26 mil millones, cifra que oficialmente se piensa lograr en el 2007.

TABLA 3
* Corresponde a la transferencia tanto de bienes como de efectivo.
Fuente: HWCG con información del Banco de México.

Como se observa en la TABLA 3, por medios electrónicos fueron enviados en el 2003 a México 11,512 millones de dólares (92.6% del valor total de las remesas familiares enviadas a México); vía órdenes de pago (money orders) se recibieron 1,623 millones (7.0%); disminuyen las remesas vía cheques personales, 6 millones (0.01%); y mediante transferencias directas (efectivo y especie), 255 millones (3.3%).

Para el año 2006, el total de remesas se eleva a 23,054 millones de dólares de los cuales por medios electrónicos fueron enviados a México 21,350 millones de dólares (89.6% del valor total de las remesas familiares enviadas a México); vía ordenes de pago (money orders) se recibieron 1,357 millones (5.9%); y mediante transferencias directas (efectivo y especie), 347 millones (1.5%).

Un dato importante es que los medios de transferencias de remesas utilizados por los migrantes han ido variando en los últimos años, sobre todo han aumentado el envío de remesas vía electrónica (GRÁFICA 4).

Según datos del Banco Mundial, México ocupa el primer lugar a nivel mundial entre los países receptores de remesas y el primer lugar de América Latina y el Caribe (Ver TABLA 4).

Las remesas que los mexicanos que viven en Estados Unidos envían a México llegan a todos los niveles de la sociedad mexicana y a todos los confines de la Nación. Casi la quinta parte de los mexicanos que han llegado a la edad adulta (el 18 por ciento) reporta que ha recibido remesas personalmente. Puesto que la gran mayoría de estos fondos se desembolsa para sufragar los gastos de subsistencia de la familia, el impacto se prolonga hasta una franja mayor de la población. Asimismo, este fenómeno es reciente y puede cobrar más fuerza, según lo señalado en un estudio que realizaron el Banco Interamericano de Desarrollo, y el Pew Hispanic Center (por su sigla en inglés «PHC»). (2006)

Sin embargo, a pesar de la formalización de los envíos, todavía alrededor del 20 por ciento de los mexicanos que recibe remesas consigue su dinero mediante canales extraoficiales, como lo son los mensajeros, el correo ordinario y los migrantes que traen dinero cuando visitan su país de origen. Debido a que este procesó es informal, es poco probable que los cálculos oficiales lleguen a contemplar dichos fondos.

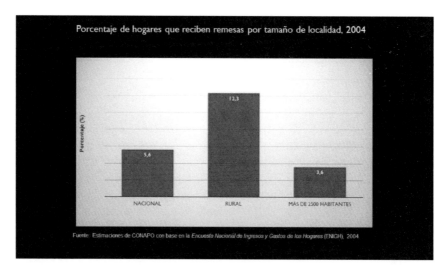

El Banco Interamericano de Desarrollo y el Fondo Multilateral de Inversiones (FOMIN) a través de la Encuesta Nacional sobre Receptores de Remesas en México, estiman que México recibe aproximadamente 2,500 millones de dólares cada año, más de lo que muestran las cifras oficiales, esto es porque la encuesta no estima los pequeños envíos hechos a través de los encomenderos y lo envíos por correo.

Durante el 2006, las remesas a Latinoamérica ascendieron a unos US $62.300 millones, un 14% más que en 2005, convirtiendo a la región en el área económica que recibe más remesas en el mundo. Esta cantidad excede por cuarto año consecutivo los fondos combinados de inversión directa y la asistencia oficial directa a la región. Dado lo complicado del proceso para seguir los flujos informales, especialmente aquellos que se entregan en mano, los flujos actuales pueden ser al menos un 10% superiores.

En el año 2006 el ingreso a México por remesas familiares alcanzó la cifra récord de 23,054 millones de dólares. Se estima por el Banco de México que a finales del 2007 se alcanzará por este concepto un monto de 24 mil 500 millones de dólares.

De los países latinoamericanos, México recibe la mayor cantidad de remesas (sobre los 23 mil millones de dólares) seguido por Brasil y Colombia con $7 y $4 mil millones respectivamente. América Central y la República Dominicana conjuntamente obtienen $13 mil millones, los países andinos $11 y los Caribeños $4.5 mil millones.

México ocupa el primer lugar a nivel mundial entre los países receptores de remesas (es receptor del 13% de las remesas al nivel mundial) y el primer lugar de América Latina y el Caribe (con el 34% de las remesas recibidas por la región.)

REMESAS FAMILIARES COMO PORCENTAJE DE:

Las remesas en el año 2006 se convirtieron en la primera fuente divisas para el país arriba de las exportaciones de petróleo y de los ingresos por turismo; (significando las remesas el 190% de estos ingresos). Respecto a la Inversión Extranjera Directa las remesas en este mismo año significaron el 128%. Las remesas representarán en el año 2007 el 2.9% del PIB y tendrán un impacto relevante en la disminución de la cuenta corriente.

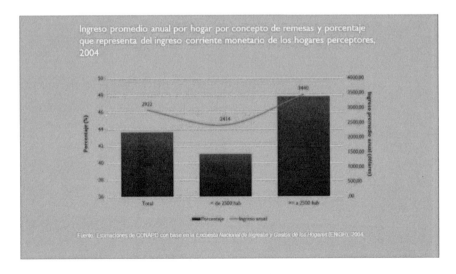

Las tres entidades que en el año del 2006 captaron el mayor monto de remesas fueron: Michoacán con un monto de 1,685 millones de dólares; Jalisco con un monto de 1,275 millones de dólares; y Guanajuato con un monto de 1,211 millones de dólares.

Las personas migrantes utilizan múltiples canales para enviar dinero al país de origen. En algunos casos utilizan canales formales, como bancos y remesadoras. En otros casos utilizan sistemas informales o lo llevan en propia mano o lo envían a través de otras personas que viajan al país. Esta variedad de canales de transferencia hace muy difícil medir el flujo exacto de remesas. Por un lado, los datos oficiales pueden subestimar el volumen debido a la dificultar de medir los flujos informales. Sin embargo, también puede suceder que el mismo dinero se contabilice más de una vez. Además, las remesas pueden ser transferidas a través de un tercer país, lo cual complica el cómputo de remesas por país emisor y receptor.

Los datos sobre remesas son valores estimativos y no son consistentes, debido a varios factores:
1. Los datos sobre remesas del Fondo Monetario Internacional (FMI) y del Banco Mundial son más bajos que los datos ofrecidos por los bancos centrales nacionales en varios países.

2. Los registros del FMI incluyen solamente las remesas transferidas por canales oficiales.

3. Muy pocos de los países que exportan mano de obra mantienen

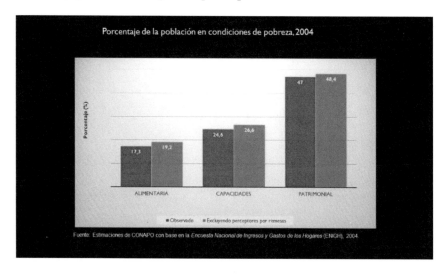

37

registros exactos sobre el número de migrantes internacionales que se genera.

Del déficit de la Cuenta Corriente. Las remesas en los últimos años han cobrado una seria importancia para el financiamiento del déficit de la cuenta corriente de México..

B. IMPACTO DE LAS REMESAS EN LA ECONOMÍA NACIONAL A NIVEL MACRO

Consideramos que son dos los aspectos más relevantes del impacto de las remesas a la economía de México en el sentido macro.

En primer lugar, el ingreso de remesas se ha convertido en la primera fuente de divisas para el país: En términos de la Balanza de Pagos de México, el ingreso de remesas en el último año (2006), según lo reportado por el banco central, resultó equivalente a 2.7 puntos porcentuales del PIB, mayor que las exportaciones de petróleo crudo y superó, tanto al monto de la inversión extranjera directa (IED), así como, los ingresos por concepto de turismo.

Un segundo impacto de las remesas se genera en el mercado interno. Las remesas tienen un fuerte impacto en el consumo, pues según estimaciones del Banco de México, el ingreso de las remesas está beneficiando al 25% de los hogares con menores ingresos del país. Y de estos ingresos dichos hogares destinan, 8 de cada diez dólares al consumo familiar, esto es, para cubrir sus necesidades básicas (comida, renta y salud).

C. REMESAS A MÉXICO: DESARROLLOS RECIENTES.

El incremento de las remesas de los trabajadores mexicanos fue sustancial y permanente por muchos años, sin embargo, el incremento disminuyó notablemente durante el año de 2006. Medido en base a trimestres, el promedio anual de incremento desde inicios del año 2003 hasta mediados del 2006 fue de 26.5%. Desde mediados del 2006 el incremento promedio fue de 6.5% y en el primer trimestre del 2007 fue de 3.4%.

REMESAS RECIBIDAS EN MÉXICO, POR TRIMESTRES DE 2002 A 2007.

Las remesas totalizaron 13.4 mil millones de dólares en 2003 y se elevaron a 26 mil millones en el 2006. En la tendencia de crecimiento han existido fluctuaciones estacionales por lo que una mejor visión de los cambios en los flujos de remesas los podemos ver en la medición realizada comparando un trimestre contra el mismo trimestre del año anterior (Figura 9). El incremento porcentual de las remesas en 13 de 14 trimestres iniciando en el 2003 y hasta mediados del 2006 es de 19%. Esa tendencia terminó en el tercer trimestre del 2006 con un incremento de 10.5% seguido de un incremento de 5.5% en el último trimestre del 2006 y de 3.4% en el primer trimestre del 2007 (FIGURA 8).

D. DISTRIBUCIÓN DEL INGRESO DE REMESAS POR ENTIDAD FEDERATIVA

De la información que reporta el Banco de México del año 2006, relativa al destino de las remesas familiares por entidad federativa, muestra que cuatro entidades consideradas expulsoras tradicionales de emigrantes se ubican en el grupo de estados
que captaron el mayor monto de remesas, superior a mil millones de dólares. Éstas fueron Michoacán (2,472 millones de dólares), Jalisco (1,993 millones), y Guanajuato (2,055 millones). Estas tres entidades conjuntamente con el Estado de México, el Distrito Federal, Veracruz, Puebla Oaxaca y Guerrero captaron el 65.6% del total de las remesas (FIGURA 9).

Estados del centro y sursureste que incrementaron su nivel de emigración en los últimos años son el Estado de México, Distrito Federal y Puebla del centro; Veracruz, Guerrero y Oaxaca del sursureste.

En base a la población por entidad federativa, tenemos que en el año 2006 el nivel más alto de recepción de remesas familiares como porcentaje del Producto Interno Bruto estatal (PIBE) ocurrió en el caso del estado de Michoacán (13.2%), seguido de Zacatecas (9.5%), Guerrero (8.1%), Hidalgo (7.7%), Nayarit (7.2) y Guanajuato (6.7%), como se ilustran en la tabla 10.

Por su parte, el Pew Hispanic Center, reporta en sus resultados que casi la mitad de los receptores de remesas (44%) viven en los cinco estados con tradición migratoria: Jalisco, Zacatecas, Michoacán, San Luís Potosí y Guanajuato. El 56% de la población que recibe remesas reside en el resto de las entidades del país.

E. INGRESO E IMPACTO DE LAS REMESAS A NIVEL MUNICIPAL

El flujo migratorio hacia Estados Unidos se origina en miles de localidades, aunque la intensidad migratoria se concentra en unos cuántos municipios localizados principalmente en las entidades del occidente y norte de México. De esta manera, la distribución de las remesas a nivel municipal, alrededor de la mitad de las remesas (46%) se dirigen a los 788 municipios de intensidad migratoria muy alta, alta y media (donde viven alrededor de 22.2 millones de habitantes), mientras que la mitad restante se dispersa en 1477 municipios de intensidad migratoria baja y muy baja, los cuales se encuentran habitados por cerca de 80 millones de personas (Banco Mundial, BID, CEPAL, Banco de México 2007).

5. REMESAS: CARACTERÍSTICAS Y EFECTOS

A. EL COSTO POR ENVÍO DE REMESAS

México es el país que tiene la comisión más baja en el envío de remesas desde los Estados Unidos, sin embargo, ocupa el sexto lugar en la comisión de la tasa de cambio. México ha avanzado en la reducción de los costos de envío de dinero mediante la implementación de la "matrícula consular" que el gobierno mexicano promovió a fin de que nuestros connacionales tuvieran acceso a los servicios financieros y contar así con una cuenta bancaria (Olvera & López, 2004).

Si bien, las transferencias electrónicas como medio para el envío de remesas se han incrementado en los últimos 10 años, por ser las más baratas usando tarjetas y cajeros automáticos, según la encuesta del FOMIN sobre los receptores de remesas en México (BID/FOMIN, 2003:24-28), sólo el 33% de los receptores de remesas dice contar con una cuenta bancaria y el 32% dice no estar familiarizado con los cajeros automáticos. Lo anterior, a pesar de que un 67% manifiesta contar con alguna sucursal bancaria cerca del lugar de dónde vive y que la opinión que se tiene del sistema bancario es buena en un 65%.

Estos datos indican que las familias rurales más pobres aún no tienen acceso a los sistemas financieros que ofrecen los bancos, pues según la Asociación Mexicana de Uniones de Crédito, existen mil 400 municipios, de un total de dos mil 500 del país, que no tienen acceso a una forma de servicio bancario, y que representan el 10% de los receptores de remesas y que continúan utilizando los sistemas menos desarrollados y los más caros.

Los envíos de dinero desde Los Ángeles, California a México, condado donde residen la mayor parte de los migrantes de origen mexicano, tienen un costo promedio de $10.01 dólares, el mismo que Indianapolis y Miami. Siendo el más caro en promedio el envió de Houston con 11.9

Aún así, los costos combinados de enviar dinero a México, continúa siendo de los más altos a nivel mundial. Además, los migrantes mexicanos utilizan empresas cuyos servicios suelen ser más caros que los ofrecidos por las instituciones financieras formales. Si bien de alguna forma la competencia y las nuevas tecnologías han ido reduciendo costos de las remesas, aún no es suficiente la información para los consumidores de estos servicios a fin de que puedan elegir las mejores ofertas del mercado.

El número de beneficiarios en un hogar por la recepción de remesas se estima que en un 23% de los hogares mexicanos receptores de remesas residen tres o menos personas, en un 48% viven de cuatro a cinco personas y en un 29% residen más de seis (BID/FOMIN, 2004a:24).

Es un hecho que las remesas contribuyen en gran medida en

mantener los vínculos entre los miembros de la familia que han emigrado y los que permanecen en sus comunidades de origen, pues un 69.3% de los receptores de remesas se comunican con su familiar que le envía remesas de manera regular. El 16.7% de los receptores afirman que sus familiares residentes en el extranjero les proporcionan dinero al menos sólo cuando regresan (TABLA 7).

Por otro lado, sólo un 14% dice tener menos de un año de recibir remesas. El resto de los receptores afirma recibir remesas desde uno a tres años atrás (38%), o desde hace más años (48%).

Por otra parte, el valor promedio de la remesa no varía significativamente con los años de estancia en los Estados Unidos siendo más alto durante los primeros cinco años (435) después va disminuyendo a noveles de 320, como lo muestra la TABLA 8.

B. REMESAS Y ECONOMÍA DE LOS HOGARES RECEPTORES

Analizando los hogares que captan remesas por deciles de ingreso, clasificación según INEGI - observamos que los hogares más pobres del país (concentrados en el decil I) recibieron en promedio 563 pesos mensualmente por concepto de remesas (58 dólares), mientras que los hogares con los ingresos más altos recibieron 4 mil 500 pesos (428 dólares).

En promedio los hogares mexicanos que reciben remesas mensualmente, en promedio obtienen desde el extranjero un ingreso de 2344 pesos, lo que equivale aproximadamente a una remesa promedio mensual de 242 dólares (ver tabla 20). A este respecto, el BID estima que en promedio, los hogares mexicanos receptores reciben remesas aproximadamente 7 veces al año (BID/FOMIN, 2003:13).

Las remesas mensuales que reciben los hogares de México de localidades cuya población es menor a 2,500 habitantes, poblaciones característicamente rurales y de mayor pobreza, son altamente sensibles a sus ingresos corrientes monetarios, es decir, más de la mitad de su ingreso corriente monetario lo constituyen el ingreso por concepto de remesas: el 52% en 2002.

En cambio, en hogares ubicados en localidades de 2,500 o más habitantes, en el año 2002 año en que se levantó la ENIGH las remesas sólo representaron el 42% de sus ingresos. El ingreso promedio anual para las localidades de menos de 2,500 habitantes es de 2,372 dólares, mientras que para el caso de las localidades de mayor población a estas, es de 2,830 dólares.

Otra variable desde la que podemos analizar el ingreso de los hogares que reciben remesas desde el exterior, es en base a la proporción que significa éste en salarios mínimos. Según ENIGH 2002, el 34.1% de estos hogares reciben un ingreso trimestral por concepto de remesas de más de 2 a 4 veces el salario mínimo; un 23.6% de estos hogares perciben de 4 a 6 salarios mínimos; sólo un 17.3% percibe más de 8 veces el salario mínimo.

C. EL USO Y ADMINISTRACIÓN DE LAS REMESAS

Una razón por la que emigran las personas es para atender necesidades económicas y financieras de la familia. El aumento del ingreso en los hogares receptores de remesas ha permitido un mayor gasto en las necesidades básicas, la compra de bienes de consumo duradero, la construcción y mejora de la vivienda entre otros. Además, estos hogares tienen la posibilidad de invertir más en capital humano, es decir, en la educación de sus hijos manteniéndolos por más tiempo en la escuela.

Así, en la distribución que realizan los familiares receptores de remesas, estos gastan la mayoría de los recursos en sus necesidades básicas. El 82.7% lo gastan en necesidades tales como: comida, renta y salud, compra de electrodomésticos, aparatos electrónicos o incluso viajes; destinan a educación un 6.1% (gastos escolares, libros materiales); 7.5% inversiones, compra de tierras, maquinaria agrícola, inicio o capitalización de un negocio; 3.7% lo emplean en la adquisición, mejoras, ampliación o construcción de vivienda y ahorro. (FIGURA 11).

D. LA REDUCCIÓN DE LA POBREZA Y LAS REMESAS

El Banco Mundial ha medido recientemente el impacto del ingreso por concepto de remesas en los hogares mexicanos, en su informe: La Pobreza en México: Una evaluación de las Condiciones, Tendencias y la Estrategia del Gobierno (2004).

Este informe muestra una reducción de la pobreza extrema en nuestro país durante el período del año 2000 al año 2002, donde 3.1 millones de personas salieron de la extrema pobreza. Esta cifra se obtiene al comparar los niveles de pobreza alcanzados por la población en el año 2000 que fue del 24.2% y los del 2002, donde el estudio arroja una cifra del 20.3%.

Por otra parte, añade el informe, que la pobreza moderada descendió de 53.7% a 51.7%. Sin embargo, especialistas del Banco Mundial señalan que si bien la reducción de la pobreza se debe a la aplicación de programas sociales, entre otros factores destaca el envío de remesas.

Al hacer referencia a zonas rurales, las remesas enviadas por los mexicanos contribuyen con el 19.5% del ingreso del 20.0% de las familias más pobres, el programa Oportunidades aporta el 10.2% y el Procampo contribuye con 3.8%. Por otra parte, en las áreas urbanas, la contribución de las remesas y transferencias es al mismo tiempo menor y más volátil. El restante 66.5% es obtenido con ingresos de la familia en el lugar de origen.

También, el reporte del Banco Mundial señala que si bien las remesas y otras transferencias son de gran importancia para el nivel y el cambio de ingresos - especialmente en el caso de los pobres rurales -su cobertura es muy diferente.

Las remesas del exterior llegan a 13% de todos los hogares rurales y a menos de 4% de los hogares urbanos. Sin embargo, para el quintil más pobre de los hogares rurales esta proporción aumenta a más de 20%. Los montos promedio recibidos son en estos hogares mucho mayores que los de otras fuentes de ingresos. (Banco Mundial, 2004:84).

El estudio del Banco Mundial deja ver que aún cuando los instrumentos de políticas de asistencia social, implementados básicamente por los programas gubernamentales denominados Oportunidades y Procampo, han tenido un buen desempeño en la reducción de la pobreza extrema, entre los años 2000 al 2003, sobre todo en los hogares pobres rurales. Sin embargo, empieza a incrementarse después del año 2004.

Las remesas de los mexicanos que se encuentran trabajando en el exterior han tenido su impacto en el ingreso de estos hogares junto con los incrementos a su ingreso proveniente del trabajo rural no agrícola, el ingreso por actividades comerciales, las transferencias privadas, y un gran incremento en las transferencias públicas, dentro de las que predominan los programas gubernamentales Oportunidades y Procampo.

Es destacable que el ingreso de las remesas ha superado en más del 100% el presupuesto federal ejercido para la superación de la pobreza entre los años de 1995 y 2003. En el año 2007 se estima que el ingreso por remesas significará con respecto a este rubro el 219%.

Esta reducción de la pobreza, en particular en hogares de zonas rurales, por el impacto en su ingreso por transferencias de dinero desde el extranjero, es reconocido además por organismos internacionales como la OCDE y el PNUD.

La disminución de la pobreza en México se debe probablemente al aumento del envío de las remesas de los mexicanos que viven en Estados Unidos. Los migrantes tienen la posibilidad de enviar mayores recursos económicos a sus familias y mejorar su calidad de vida, tanto en su formación como en su salud.

Otro resultado en torno al cual vale la pena reflexionar y sobre todo continuar profundizando en su estudio, es en la baja presencia de migrantes recientes en los hogares receptores de remesas. Una de las transformaciones más importantes en el patrón de la migración mexicana a los Estados Unidos durante los últimos años, es la disminución de la migración temporal o circular, y el aumento de la migración permanente.

Este cambio sin duda afectó la organización del sistema de remesas y los patrones de recepción de dinero en México, que a su vez pudiera estar explicando esta baja presencia de migrantes recientes en los hogares receptores de remesas.

Por su parte, el Programa de las Naciones Unidas para el Desarrollo en el "Informe sobre Desarrollo Humano en México" indica que "las transferencias juegan un papel muy importante en la desigualdad del ingreso rural, en parte porque rubros como las remesas de trabajadores en el exterior y los subsidios de los programas contra la pobreza se concentran en la población de menores ingresos, que es típicamente rural. En contraste con el panorama anterior, las zonas urbanas se caracterizan porque las transferencias juegan un papel relativamente menor que en las zonas rurales". (PNUD, 2003:93)

La información del PNUD, 2007, refleja que tales condiciones se siguen manteniendo de manera que los subsidios y las transferencias vía programas de asistencia social tienen poco impacto en la reducción de la pobreza, y por el contrario, si lo tienen los proyectos productivos en aquellas áreas de alta migración o marginación donde se han implementado.

6. INICIATIVAS PARA EL USO PRODUCTIVO DE LAS REMESAS EN MÉXICO

El impacto de las remesas en las comunidades receptoras, en especial las llamadas remesas colectivas, y su uso productivo como son: la inversión para la generación de empleos, el mejoramiento de la infraestructura urbana y servicios, y la capitalización de proyectos comunitarios, entre otros, han cobrado un lugar relevante en el debate sobre las remesas.

Sin embargo, es conveniente distinguir entre remesas individuales y colectivas. Respecto a las primeras, se definen como: "los recursos económicos enviados por el migrante que vive o trabaja en el exterior, a sus familiares que residen en su país de origen, destinados a satisfacer las necesidades básicas de los receptores". (Lozano, 2004:4).

Por otro lado, se denomina remesas colectivas a una pequeña fracción de las remesas que es enviada por grupos migrantes y se definen como "los recursos económicos recaudados y donados por agrupaciones o asociaciones de migrantes, para financiar infraestructura en pequeña escala o inversiones en actividades productivas y comerciales, en comunidades de origen." (Lozano, 2004:4). La infraestructura consiste en caminos rurales, pavimentación de calles y caminos, introducción de agua, luz y drenaje, entre otros.

De esta forma, organismos internacionales como el Banco Interamericano de Desarrollo (BID), la Comisión Económica para América Latina y el Caribe (CEPAL), el Banco Mundial, entre otros, han planteado diferentes estrategias y programas, como resultado de diferentes conferencias y foros internacionales que han abordado esta preocupación de potencializar el uso productivo de las remesas. Y como consecuencia también, de la iniciativa de los propios migrantes que a través del envío de las remesas colectivas han invertido por cuenta propia estos recursos en sus comunidades de origen.

Así, se han planteado diferentes programas gubernamentales con el objetivo incentivar el envío de remesas colectivas mediante el cofinanciamiento en la inversión de infraestructura en sus comunidades de origen, así como con la finalidad de impulsar inversiones en microempresas y empresas que generan fuentes de empleo De estos programas damos cuenta de las siguientes páginas.

A. PROGRAMA DE INICIATIVA CIUDADANA 3x1 (SEDESOL)

El programa 3X1 consiste en que por cada dólar invertido por los grupo de inmigrantes mexicanos que viven en los Estados Unidos, en el desarrollo de sus comunidades de origen, el gobierno federal mexicano, el estado y el municipio receptor, invierten un dólar cada uno; por lo que la administración pública mexicana invierte tres dólares por cada dólar invertido por los grupos inmigrantes. Los representantes de los migrantes y de los tres órdenes de gobierno conforman el comité comunitario que selecciona los proyectos, los revisa y vigila el gasto para asegurar la transparencia.

El programa se ha beneficiado de la existencia de una extensa red de clubes de inmigrantes en los Estados Unidos, que han mantenido los lazos con sus comunidades de origen en México. El programa se implantó en el 2002 y es gestionado por la Secretaría de Desarrollo Social de México (SEDESOL) en colaboración con los grupos de inmigrantes. En el 2004 se invirtieron aproximadamente 70 millones de dólares y se espera incrementar esta cifra hasta llegar a los 200 millones de dólares en el 2009. Se trata de inversiones de tamaño medio (SEDESOL limita su participación a 25,000 dólares por proyecto), con un enfoque en infraestructura públicas. El financiamiento de becas estudiantiles suponen también un importante capítulo de gasto.

Estos proyectos han mejorado la infraestructura de las poblaciones receptoras de las ayudas pero, por regla general, no han financiado proyectos que generen riqueza de forma sostenible para estas localidades, por ejemplo pequeñas empresas rentables que contribuyan a reducir el flujo migratorio empleando a la mano de obra local. Ante esta evidencia, los organizadores del programa, con la ayuda del BID, están reflexionando sobre cómo reorientar el flujo de inversiones de la inmigración directamente a iniciativas empresariales locales o a intermediarios financieros que, mediante micro- créditos, financien estas actividades.

En el año 2003 la Coordinación de Microrregiones de la SEDESOL ejerció un presupuesto federal de 97.3 millones de pesos. Estos recursos se complementaron con 289.5 millones de pesos de aportación de los gobiernos estatales, municipales y de las organizaciones de migrantes.

En el año del 2006, el estado donde se realizaron el mayor número de proyectos fue Zacatecas (322 proyectos y 37.9% de los recursos), seguido de Jalisco (184 y 21.4% de los recursos), Michoacán (64 y 7.8% de los recurso) y San Luis Potosí (64 y 6.9% de los recursos), entidades ubicadas en los primeros lugares de mayor porcentaje de población emigrante y de mayor percepción de remesas.

B. PROGRAMA INVIERTE EN MÉXICO (NAFINSA)

Empresas mexicanas otorgan créditos hipotecarios para los migrantes mexicanos residentes en Estados Unidos para que adquieran viviendas para sus familiares en México, así como opciones para construcción y remodelación de viviendas. Los connacionales tienen la oportunidad de comprar a crédito en Estados Unidos una casa, y también de comprar o remodelar la casa de sus familiares que residen en México.

Entre las ventajas con las que cuentan estos créditos es que pueden ser contratados en dólares o pesos y tener las tasas de interés que se cobran en México o en Estados Unidos, dependiendo donde se adquiera el crédito o la propiedad. Además, pueden adquirir los materiales de construcción por su cuenta e ir construyendo o remodelando gradualmente la vivienda de sus familiares en México con asesoría legal (IME; 2004:3).

En lo que respecta al ejercicio del año 2004, al 15 de septiembre se han aprobado 1,112 proyectos que implican recursos por $557.6 millones de pesos, lo que significa un incremento del 44.1% respecto al año 2003. Las entidades a los que se les han aprobado mayores recursos en la aplicación de este programa son: Jalisco (181.8 millones de pesos para 384 proyectos), Zacatecas (136.9 millones de pesos destinados a 309 proyectos), San Luis Potosí (50.1 millones de pesos para 46 proyectos), Michoacán (48.3 millones de pesos para la aplicación en 80 proyectos) y Guanajuato (con 35.9 millones de pesos para 85 proyectos).

La mejor organización de los migrantes de entidades de mayor tradición migratoria deja ver a la vez una mayor participación de los recursos en este programa.

C. PROGRAMA SOCIAL MIGRANTES 2X1 (GOBIERNO DEL EDO. DE GUANAJUATO)

El programa tiene como objetivo apoyar el desarrollo de las comunidades con mayor grado de intensidad migratoria, en donde los migrantes consideren necesario invertir en la ejecución de obras de infraestructura básica y de desarrollo social; así mismo, busca establecer vínculos de participación de los migrantes guanajuatenses hacia su comunidad de origen, propiciando el desarrollo con beneficios directos para sus familias; así como potenciar la inversión en obras sociales, al aportar por cada peso de los migrantes, un peso el municipio y un peso el Estado.

Las áreas de atención prioritarias son centros de desarrollo social y comunitarios; perforación de pozos, red de drenaje y agua potable; electrificaciones, caminos rurales, pavimentación, centros de salud e infraestructura deportiva.

E. FIDERAZA (GOBIERNO DEL EDO. DE JALISCO).

La población migrante de origen jalisciense en Estados Unidos asciende a 2 millones de personas, residiendo en su mayoría en los condados de Los Ángeles, San Francisco, San José y Fresno (California), Colorado (Denver), Chicago (Illinois), Dalas y San Antonio (Texas), Seattle (Washington) y Nueva Rochelle (Nueva York). Además, Jalisco es la tercera entidad receptora de remesas del país, cuyo monto en el año 2006 ascendió a 1,992.80 millones de dólares, lo que equivale al 8.64% respecto al ingreso total nacional por este concepto.

Sin embargo, se observó que los envíos de dinero que los migrantes hacían a sus familias presentan una reducción considerable al momento de ser recibidos, debido a los altos costos de envío o por estar expuestos a situaciones de robo, fraude, el pago en especie y debido al retraso en el tiempo de tránsito y entrega.

Además, se veía la necesidad de promover la inversión de las remesas colectivas en las comunidades de origen de los migrantes. Estas fueron las razones por las que el Gobierno del Estado de Jalisco planteó la creación de este fideicomiso y que comenzó °a funcionar en diciembre de 1996 y en el que participan además del gobierno estatal, Banamex, las empresas operadoras y otros donantes.

De esta manera, a través de este fideicomiso se promueve la inversión de los migrantes en micro y pequeñas empresas, a través de las cuales se busca generar fuentes de empleo en las regiones expulsoras y de mayor marginación. Y por otro lado, contribuir a la reducción del costo de las transferencias de dinero de los jaliscienses radicados en Estados Unidos.

Entre las empresas que se han generado están las dedicadas a la fabricación de muebles, envasadoras de miel, cultivo de camarón, invernaderos de flores, procesamiento de café, industrialización de mango, explotación de mármol, entre otras.

7. LAS PROPUESTAS DE PROYECTOS EMPRESARIALES CON REMESAS Y AHORROS DE LOS MIGRANTES

Siendo México el país de América Latina con más larga tradición migratoria internacional hacia los Estados Unidos, donde las remesas son mayores, con las organizaciones de migrantes más avanzadas y con una experiencia importante de proyectos sociales comunitarios con base en las remesas colectivas de esas organizaciones, en los últimos años surge el interés de las organizaciones de migrantes, las comunidades de origen, los gobiernos locales, el gobierno nacional y organismos internacionales de buscar canalizar las remesas y ahorros de los migrantes hacia proyectos productivos que tengan mayores impactos en la estructura económica local y regional en términos de fortalecimiento de las actividades económicas que ofrezcan empleos suficientes, permanentes y bien remunerados.

La denominación de proyectos productivos es para resaltar que se trata de proyectos de inversión privada que buscan promover actividades económicas que al mismo tiempo que aportan beneficios a los promotores están generando beneficios a las comunidades en términos de cambio económico en la estructura local, empleos, infraestructura, etc. Además, evita la ambigüedad de la denominación proyectos productivos en Programas tipo 3x1 en que las remesas colectivas son invertidas en obras sociales comunitarias como caminos, calles, agua potable o energía eléctrica, que si bien inciden indirectamente en la producción obedecen a una lógica solidaria, no de beneficio, y su impacto en el empleo es reducido.

A. PROPUESTAS PARA EL USO PRODUCTIVO DE LAS REMESAS EN MÉXICO

En general, los programas estatales para promover el uso productivo de las remesas se han caracterizado por una buena aceptación entre comunidades locales y entre los migrantes y por los Clubes que son promotores activos de los Programas. Incluso la capacidad de promoción y captación de fondos de los Clubes ha rebasado la capacidad presupuestal de los gobiernos locales.

B. PROYECTO DEL FONDO MULTILATERAL DE INVERSIONES (FOMIN-BID) Y NACIONAL FINANCIERA: LA CAPITALIZACIÓN DE LAS REMESAS PARA EL DESARROLLO REGIONAL.

1) Busca apoyar el desarrollo local mediante el impulso a proyectos empresariales financiados total o parcialmente por los migrantes.

2) Deberá estimular fórmulas innovadoras, tanto en la participación de los migrantes como en los alcances y modalidades de los proyectos.

3) Componentes: Asociación público-privada para el desarrollo local; planeación estratégica para fortalecer la participación privada en el desarrollo local; desarrollo de proyectos productivos empresariales y taller de recaudación de fondos.

4) A desarrollar en Guanajuato, Puebla y Zacatecas. (Al final Guanajuato no participó)

5) Financiamiento del 50% para elaboración técnica de los proyectos.

6) Manejo de los recursos por NAFIN.

7) Rechazo de Clubes de migrantes por no consultarlos y no ser capital de inversión.

C. CAPITAL DE LOS MIGRANTES PARA EL DESARROLLO DE INFRAESTRUCTURA A PEQUEÑA ESCALA Y EMPRESAS PEQUEÑAS DE MÉXICO.

Se trata de una investigación hecha por el Banco Mundial para evaluar el potencial de los migrantes en esas inversiones. Los principales aspectos de esta investigación los podemos esquematizar de la forma siguiente:

a) Investigación sobre uso de las remesas y como mejorar su uso de inversión.
b) Experiencias de colaboración público privadas para inversiones a pequeña escala y
para la creación de empresas medianas y pequeñas.
c) Estudio en los estados de Guanajuato, Michoacán, Oaxaca y Zacatecas
d) Creciente importancia de las remesas, remesas colectivas y ahorros de los migrantes.
e) Gran capital social representado por las organizaciones de migrantes en EU.
f) Avances y limitaciones de los programas estatales de inversión: Guanajuato y Zacatecas.
g) El capital de los migrantes como herramienta para el desarrollo

local.

h) Capacitación y asistencia técnica como ejes centrales para los migrantes emprendedores.

i) Los instrumentos financieros no son un obstáculo para ellos por contar con ahorro.

Principales recomendaciones del Banco Mundial:

1.- Desarrollar herramientas de asistencia técnica para ayudar a los gobiernos estatales a consolidar y diseminar las mejores prácticas.

2.- Apoyar proyectos experimentales de empresas pequeñas y medianas en diferentes estados con capital semilla, asistencia técnica y capacitación.

3.- Asesorar a los gobiernos estatales en la forma de mejorar los proyectos de infraestructura a pequeña escala mediante la sustentabilidad y mayor participación privada.

4.- Asesorar a las organizaciones de migrantes en las opciones de transferencia e inversión de sus ahorros. Ayudarles en la instrumentación de sus proyectos.

5.-Promover con los gobiernos estatales proyectos pilotos para el desarrollo micro- regional.

D. LAS MICRO-REGIONES Y LOS PADRINOS

La Oficina Presidencial para Mexicanos en el Exterior, que se convertiría en el Instituto de los Mexicanos en el Exterior (IME), identificó 90 micro-regiones en 21 estados dentro del territorio nacional, con la doble característica de los altos índices de marginación y de expulsión de mano de obra, y su tarea consiste en posibilitar y agilizar la canalización de recursos provenientes de las mismas remesas y de donaciones de la iniciativa privada, para la realización de proyectos productivos y comunitarios en esas localidades donde los paisanos se ven forzados a abandonarlas en busca de mejores condiciones de vida.

En la tercera semana de septiembre del 2001, Juan Hernández, encargado de la Oficina de Atención a Migrantes de la Presidencia de la República Mexicana, solicitó al Congreso 50 millones de dólares (500 millones de pesos) a fin de instrumentar programas de desarrollo en 90 micro-regiones del país, que son las principales expulsoras de mano de obra hacia los Estados Unidos.

Estos 50 millones de dólares servirían para poner en marcha el programa 3x1 a nivel nacional en el que participarían directamente los mexicanos radicados en Estados Unidos con posibilidades de aportar un peso por los tres que aporten los diferentes niveles de gobierno.

El 21 de enero del 2002, por vez primera en la historia el Congreso aprobó una partida para el Programa de proyectos de migrantes 3x1 a nivel nacional vía la Secretaría de Desarrollo Social, la cual trató de vincularse con otras dependencias como Relaciones Exteriores, Salud, Educación y Comunicaciones, entre otras. El Programa 3x1, como se indicó antes, surge en 1992 en Zacatecas.

La iniciativa se distingue del recientemente creado Programa "Adopta una Comunidad"-dirigido a 90 micro-regiones, puesto que en la misma los proyectos de desarrollo necesariamente deben de contar con recursos públicos, mientras que en los proyectos de las micro-regiones el dinero puede provenir totalmente de particulares.

El programa de micro-regiones enviará dinero recaudado entre los migrantes exitosos, a quienes llama "padrinos", a consejos ciudadanos de las comunidades expulsoras de migrantes. Esos organismos decidirán los proyectos que serán beneficiados y vigilarán el uso de los recursos.

El 19 de enero del 2002, el presidente Vicente Fox, en Uriangato, Guanajuato, dio a conocer el Programa "Adopta una Comunidad", que consiste en la aportación monetaria a programas productivos por parte de migrantes exitosos a quienes les apostó para mejorar las condiciones económicas de al menos 90 micro-regiones del país, donde se combinaban el desempleo, la pobreza y la migración, mediante un tipo de plan de inversiones múltiple con excepciones fiscales y participaciones similares por parte del gobierno.

El objetivo final de este Programa fue detener y revertir el creciente número de hombres y mujeres que permanentemente se desplazan a Estados Unidos, en huida de la pobreza y en la búsqueda de una vida digna.

E. LA SOCIEDAD PARA LA PROSPERIDAD DE EUA-MÉXICO

El 18 de febrero del año 2002, dos importantes funcionarios del gobierno norteamericano, Alan Larson, subsecretario de Estado para Asuntos Económicos y Kenneth Dam subsecretario del Tesoro, bosquejaban una propuesta en que la Sociedad para la Prosperidad convocó a los empresarios, a los economistas y otros expertos para que dieran sus mejores ideas sobre cómo estimular la inversión y el crecimiento en las áreas menos desarrolladas de México, para abordar específicamente los sectores de tecnología de la información y telecomunicaciones, vivienda, remesas, y flujos alternativos de capital, infraestructura y financiamiento de la agricultura y de empresas.

Se esperaba avanzar más allá en esta Sociedad, y de hecho, completar efectivamente lo que el comercio puede hacer para identificar como una alianza efectiva entre los sectores público y privado que puede alentar el desarrollo que beneficiará a ambas naciones. Uno de los objetivos de la Sociedad para la Prosperidad es aumentar las oportunidades económicas, de manera que las futuras generaciones de jóvenes mexicanos encuentren empleos remunerados y atractivos en sus propias comunidades.

El gobierno puede ayudar al sector privado a promover el impulso, crear empleos y apoyar las comunidades dinámicas y prósperas de tal forma que sus habitantes no sientan la urgencia de abandonarlas.

Esta clase de proyectos se fortalecerían mediante programas de asistencia técnica, préstamos a pequeñas empresas y una mayor proporción de las aportaciones gubernamentales con respecto a las remesas que envían los migrantes. Sin embargo, a pesar de todas las buenas intenciones y grandes objetivos planteados, quedo en suspenso hasta que el gobierno norteamericano decida su reanudación.

F. LOS MICROBANCOS

En México, la mayoría de los pobres rurales no tienen acceso a servicios financieros. Entre las diversas causas de la pobreza, los factores limitantes económicos están asociados a la falta de acceso a servicios financieros. El esfuerzo del proyecto Microbancos de la Asociación Mexicana de Uniones de Crédito del Sector Social (AMUCSS) está dirigido a contribuir con innovaciones en la prestación de servicios financieros para familias pobres.

Es un modelo operativo de intermediación financiera, orientado a proporcionar servicios financieros a la población rural pobre de México, con una orientación especial a comunidades indígenas marginadas.

Es una forma de banca comunitaria rural donde los productos financieros está orientados a facilitar que cualquier persona pueda abrir una cuenta de ahorros, recibir un préstamo, cambiar un cheque, contratar, pagar un servicio (recibos de luz, agua, tc.), o recibir una remesa de dinero en su banco local.

El Microbanco moviliza los recursos locales, financieros, sociales y organizativos, al ofrecer un lugar seguro para los depósitos y una metodología que permite su colocación profesional en préstamos para el desarrollo de opciones económicas en las regiones. Cada Microbanco tiene sede en un lugar estratégico de la microregión, cuenta con una oficina regional y está organizado geográficamente por Agencias a nivel de cada comunidad o población de su área de influencia.

Los socios o clientes (sean ahorradores, prestatarios, asegurados) participan en forma individual en el capital accionario y tienen derecho a elegir al Comité de Agencia, el cual se involucra en la promoción y operación de servicios financieros, en particular en la captación del ahorro y su traslado con seguridad. A nivel regional, dos Consejos, uno de Administración y uno de Vigilancia participan en la gestión directa en representación de los socios locales.

Los Microbancos, se ubican en regiones indígenas rurales de alta y muy alta marginalidad y pobreza en el sur de México: Sierra Norte de Puebla; Sierra Mazateca; Mixteca, Sierra Sur y Mixe del Estado de Oaxaca; Alto Balsas de Guerrero; Altos de Chiapas. Se trata de regiones con una fuerte dispersión geográfica, poca comunicación y bajos niveles de escolaridad.

La tecnología empleada en los Microbancos ha sido diseñada para lograr confiabilidad y eficiencia en la operación financiera con accesibilidad para implementarse en regiones con un bajo nivel de escolaridad.

Los sistemas contable, administrativo, de información soportan una estrategia de gradualidad operativa en la apertura de servicios financieros de ahorro, crédito, seguros, cambio de cheques, pago de servicios, cuya orientación es atender a una amplia y diversa clientela rural. Los operadores son jóvenes indígenas con nivel medio de escolaridad y un fuerte conocimiento e identidad con sus regiones de origen.

El énfasis en la construcción de los Microbancos es la formación de operadores técnicos-promotores, cajeras, gerentes-y la implementación de métodos de información, capacitación y formación de los socios y usuarios. Ambos aspectos dirigidos a lograr la más amplia penetración en los espacios y comunidades rurales. La perennidad social requiere que los agentes sociales participen con equidad en el acceso a la información sobre a nueva institucionalidad financiera, derechos y obligaciones de las partes.

En los Microbancos, la adaptación permanente de los servicios financieros de ahorro y crédito es esencial. Los créditos son de libre disponibilidad, basados en la capacidad de pago, con garantías solidarias, en montos y plazos adaptables a las diversas necesidades de la población e incluyen incentivos a la recuperación. El ahorro libre, sin condicionamientos al crédito es el producto financiero privilegiado. Una cuenta puede abrirse a partir de 50 pesos, con depósitos y retiros limitad, permite el ahorro de comunidades, ahorro individual, ahorro infantil y ahorro de grupos de trabajo. Además del ahorro y crédito, los Microbancos según su nivel de consolidación ofrecen otros servicios financieros como: el seguro de gastos funerarios, el pago de cheques de maestros y cheques de Procampo, pago de servicios, próximamente transferencia de remesas.

Estas características les permiten superar las limitaciones que enfrentan las instituciones locales pequeñas, aisladas e incomunicadas, así como aprovechar las ventajas comparativas de la inserción comunitaria. Además de los servicios compartidos, el funcionamiento en red permite una escala para el establecimiento de programas permanentes de capacitación y asistencia técnica, así como el intercambio permanente de experiencias.

Respecto al marco legal, en el sistema jurídico mexicano no existen figuras adecuadas para este concepto de intermediación financiera. Por ahora, los Microbancos operan bajo figuras civiles y se orientan a ser incluidas en alguna de las dos figuras jurídicas del Sistema de Ahorro y Crédito Popular cuya base es la Ley de Ahorro y Crédito Popular de abril del 2001.

La orientación de sistema financiero descentralizado se adapta a las condiciones rurales de México, la iniciativa Microbancos se ha alimentado de diversas experiencias internacionales y ha contado a lo largo del desarrollo conceptual, experimentación, pilotaje, diseño de sistemas e instalación práctica, con diversos patrocinadores públicos y privados como la Fundación Ford, Fundación Ba Solay, UNAM-Instituto de Ingeniería, Fimer-SHCP, BANRURAL, SAGARPA, IRAM, AMUCSS, FLD y las propias comunidades interesadas.

Sobre los apoyos gubernamentales al microcrédito, destaca la creación del Programa de Asistencia Técnica al Microfinanciamiento Rural (Patmir) en el año 2000 por parte de la Secretaría de Agricultura. Este era y es un proyecto importante porque apunta lo que nunca nadie había apuntado, que es la capacitación y la asistencia técnica como vehículo prioritario para fortalecer a los organismos y generar nuevas iniciativas.

El Patmir se está concentrando en Chiapas y las Huastecas, el Alto Balsas de Guerrero, en la Sierra de Huautla de Morelos, en la Sierra Mazateca de Oaxaca, en la Mixteca y en la propia Sierra del Norte de Puebla.

G. PROPUESTA INTERNACIONAL SOBRE PROYECTOS PRODUCTIVOS Y DE AHORRO DE LOS MIGRANTES

Las convocatorias para realizar aportaciones para la realización de proyectos productivos por parte de organizaciones de migrantes, productores o instituciones no gubernamentales, educativas, estatales e internacionales que están promoviendo proyectos de ahorro, inversión o proyectos productivos con migrantes en México, ha generado un sinnúmero de propuestas, entre las más importantes tenemos las siguientes:

a) Avanzar en proyectos concretos para la transferencia de remesas que bajen su costo y permitan canalizar más recursos al ahorro, la inversión y el financiamiento de proyectos productivos.

b) Asumir la capacitación de la comunidad como eje central para el funcionamiento de las distintas alternativas para el ahorro y le ejecución de proyectos productivos.

c) Tener una visión de integralidad en el diseño y ejecución de los proyectos, así como no olvidar que los proyectos deben surgir de las comunidades mismas y de que los miembros de ellas se integren en su planeación, ejecución y evaluación.

d) Es fundamental considerar la autosustentabilidad (financiera, técnica, etc.) reconociendo que las remesas no pueden ser un subsidio permanente a los proyectos, sino que su función es fungir como catalizador, como capital semilla.

e) Necesidad de políticas públicas integrales y diferenciadas para las distintas regiones y comunidades que incidan en la raíz de la pobreza.

f) Fortalecer el nexo de la academia y las organizaciones civiles con las comunidades de origen y destino de los migrantes, asumiendo que su función es de acompañamiento, de ayuda para orientar, capacitar, etc. para que ellas se apropien de sus proyectos y su propio destino (autodesarrollo equitativo y sustentable).

g) Resulta fundamental intercambiar experiencias, metodologías y resultados y los bancos de datos, para lo cual se propone crear una página Web donde se realice esa actividad de intercambio.

h) Por último, es necesario no olvidar no olvidar a los organismos internacionales, a las organizaciones comunitarias nacionales y binacionales, y otras instituciones privadas, no gubernamentales y gubernamentales como apoyos importantes de los nuevos proyectos de ahorro, inversión y proyectos productivos de los migrantes en sus comunidades de origen.

8. CONCLUSIÓN

Las personas emigran fundamentalmente por razones económicas. Sectores de la clase media se han sumado a la emigración como resultado de cambios estructurales. La decisión de emigrar se consolida y el proceso se facilita por la presencia de familiares o amistades en el lugar de destino. Aunque los riesgos de un cruce ilegal disuaden a muchos de emigrar a Estados Unidos, las nuevas medidas de vigilancia no parecen ofrecer un freno adicional a largo plazo.

La separación familiar es en muchos casos un freno efectivo. La condición de separaciones prolongadas. La regularización de los inmigrantes en Estados Unidos sería una medida con consecuencias económicas pero también humanitarias.

Podemos concluir que sin duda, como un producto de la emigración, las remesas se consolidan como un aspecto fundamental en la economía mexicana, y de al menos cuatro estados centrales, debido al impacto que representan a nivel macro y en las economías de los hogares que reciben remesas de sus familiares que trabajan en el extranjero.

El crecimiento sustancial de los ingresos por remesas al país año con año refleja por un lado, un aumento del flujo migratorio de mexicanos hacia el extranjero, teniendo como principal destino el vecino país del norte.

Por otro lado, este incremento de los ingresos por el concepto de remesas al país, también deja ver una evolución de los mecanismos de transferencias de remesas y que a la vez, permite una mejor medición de estas. Las transferencias electrónicas y las *money orders* son actualmente los mecanismos más usuales por lo trabajadores migrantes que envían dinero desde el extranjero a sus familias, debido a la mayor seguridad y menores costos que ofrecen los bancos y empresas especializadas en transferencias de dinero. Los envíos en especie y efectivo han disminuido por los riesgos lógicos que implican (robo o extravío de estos), así como los envíos en cheques que se reportan casi inexistentes.

Las remesas en México, como en todas partes, se utilizan primordialmente en los gastos de la casa, pero se ve que existe una mayor tendencia aquí al ahorro y a la inversión en pequeñas empresas. Las remesas aportan al bienestar de los receptores, palian carencias en los servicios públicos, aportan cierto grado de seguridad a los que las reciben y no fomentan el ocio, hasta donde nos fue posible indagar.

La migración mexicana a los Estados Unidos ha significado a lo largo de su ya centenaria historia, una importante inyección de recursos monetarios, que han jugado un papel central en el sostenimiento de millones de familias del campo y de la ciudad, sobre todo en aquellas regiones y entidades de mayor concentración de migrantes. Sin embargo, los resultados preliminares hasta aquí presentados exhiben la fuerte concentración de las remesas en ciertos estratos económicos y en determinadas regiones y municipios de México, que no son necesariamente los más pobres o los más marginados. Por el contrario, alrededor de las dos terceras partes del monto total de remesas se concentran en hogares localizados en municipios con bajo o muy bajo grado de marginación.

Finalmente, los propios migrantes se organizan para enviar dinero de forma colectiva para destinarlo en la construcción de obra pública o generar pequeñas inversiones de negocios que se convierten en fuentes de empleo e ingresos para su comunidad. Estas iniciativas han sido abordadas en diferentes foros y conferencias de organismos internacionales estableciéndose diferentes estrategias enfocadas a promover en mayor medida proyectos de coinversión con el objeto de potenciar las remesas y convertirlas en productivas.

Se han destacado los programas gubernamentales en México que fomentan esta idea, entre ellos el Programa de la Secretaría de Desarrollo Social y que nació en el Estado de Zacatecas denominado 3x1, donde los tres niveles de gobierno: federal, estatal y municipal, en montos iguales a los que aportan los grupos o clubes organizados de migrantes, aportan para la ejecución de obras de infraestructura básica y de desarrollo social; inversión en pequeñas en empresas y así fomentar el desarrollo y la generación de empleos en sus comunidades de origen y que mitigue la emigración de otros trabajadores.

El período posterior a la Guerra Fría se inició con una llamarada de optimismo acerca de la democracia, el libre mercado, la integración y los proyectos para beneficiar a la humanidad. Muchos veían a la globalización como irreversible y los científicos sociales, los sociólogos y economistas escribían sobre el fin de los estados nacionales, el imperativo de la democratización global y la necesidad de adaptación a las fuerzas del mercado. Entonces, en el año 2001, 19 terroristas secuestraron aviones y los estrellaron contra el World Trade Center y el Pentágono; el mundo cambió para siempre. ¿Para siempre?

No. El 20 de enero de 2017, Donald Trump asume la presidencia de Estados Unidos; el mundo ahora sí, cambió para siempre.

Una de las características del proceso de globalización lo constituyen las migraciones internacionales. Otro son los flujos fronterizos de capitales, mercancías y personas y la proliferación de redes transnacionales con nodos de control en múltiples localidades.

Una de las cuestiones analíticas clave que debe plantearse acerca del 9-11 y del 20-17 es de cómo afectó y afectará la migración internacional. En un ambiente posterior a estos dos hechos los argumentos centrales adoptan una nueva urgencia. El resurgimiento de la derecha radical en el mundo pone en peligro a esas oleadas de migrantes que, por diversas razones, requieren de apoyo.

Desde comienzos del siglo pasado la migración mexicana hacia Estados Unidos se ha caracterizado por constituir un fenómeno complejo, con profundas raíces históricas en los dos lados de la frontera. Hechos como la vecindad geográfica, las asimetrías económicas y sociales, los procesos de integración económica, los crecientes intercambios comerciales entre ambos países, alientan esas corrientes migratorias.

La migración internacional está asociada a las profundas asimetrías económicas entre países, particularmente agravadas por situaciones de crisis económicas en países de menor desarrollo. Si en el país de origen las dificultades económicas aumentan la pobreza y la marginación, las corrientes migratorias se orientarán a los países en donde existan mayores oportunidades de empleos e ingresos. Incluso aún habiendo crecimiento económico, la insuficiente generación de empleos relativamente bien remunerados motiva la migración de personas en búsqueda de mejores condiciones de vida.

La migración también tiene entre sus múltiples y complejas causas la existencia de factores políticos adversos para grupos de la población, conflictos étnicos, religiosos, bélicos e, incluso, desastres naturales. En los actuales procesos migratorios internacionales no sólo son importantes los desplazamientos de personas y bienes materiales, sino también símbolos, valores, cultura y la información que portan, todo lo cual que se ha potenciado en la era de la globalización gracias a las telecomunicaciones y a la flexibilización de las fronteras de los Estados.

La migración es un fenómeno demográfico que se ha registrado en todos los periodos históricos, en formas y grados muy diversos. La migración es definida como "el cambio de residencia habitual mediante un desplazamiento de una unidad geográfica a otra (país, entidad federativa, municipio o delegación)".

Estados Unidos y México comparten una rica historia. Durante más de un siglo, la gente ha ido y venido a través de la frontera para trabajar. Su trabajo arduo y dedicación podrían haber tenido lugar dentro de un mercado laboral bien regulado y ventajoso para ambos países. Sin embargo, en años recientes la mayor parte de la mano de obra se ha movido en un vasto mercado negro, afectando a los trabajadores, las familias, la seguridad y las finanzas públicas en ambos países.

La frontera México-Estados Unidos ha sido escenario por varios siglos de constantes migraciones y asentamientos, con episodios de disputas y acuerdos, y donde la mezcla de culturas ha desarrollado una población y un estilo de vida particulares. En esta franja se ha desplegado una economía pujante en las últimas décadas, que la ha convertido en una de las más transitadas del mundo.

Desde finales del siglo XIX, el desarrollo tan dispar entre los dos países condujo a una oferta y demanda de mano de obra que mantuvo por décadas una migración, con bajo crecimiento, de trabajadores mexicanos procedentes de determinadas regiones de México.

Donald Trump ha insistido desde su campaña, y ahora como Presidente, en la promesa de que construirá un muro a lo largo de la frontera con México. La idea llama la atención (por irrealizable que sea) pero lo sorprendente es que no está muy alejada de la actual ortodoxia republicana.

En este sentido, la actual migración mexicana a Estados Unidos, en su especificidad, se inserta en la nueva era de la migración internacional, forma parte de la dinámica de la globalización del mercado y está estructuralmente incrustada en las economías y las sociedades de gran parte del mundo.

Hace poco tiempo se podía ser conservador y estar a favor de políticas de inmigración razonables. Ronald Reagan, Jack Kemp, Steve Forbes y George W. Bush adoptaron posiciones abiertas en esa materia. La globalización ha desafiado la autoridad de los gobiernos nacionales desde arriba y desde abajo. El crecimiento de la sociedad transnacional ha hecho surgir temas y problemas novedosas y ha difuminado las esferas de autoridad, control y toma de decisiones que antes eran bastante distintas. En general, la migración internacional no había sido vista como un tema político central. Trump lo convirtió en uno.

México ha sido históricamente un país de migrantes, donde la emigración ha tenido el mayor peso. Estados Unidos ha sido el principal destino de los mexicanos que se han ido al exterior. Los migrantes provienen tanto del medio urbano como del rural y de todas las entidades federativas.

Durante cuarenta años, la migración ilegal fue fomentada, o tolerada, por Estados Unidos debido a la necesidad de mano de obra en el campo y en la construcción. Pero los tiempos han cambiado. Ahora hay que demostrar el abolengo conservador al decir que se quiere deportar a todos los extranjeros indocumentados; hay que oponerse al aumento de los flujos migratorios, y hoy Donald Trump tiene a las multitudes republicanas a sus pies al despotricar en contra de las supuestas hordas de criminales que entran a hurtadillas desde México y los terroristas que se pueden filtrar por la frontera sur, además de la droga "que pasa como agua".

Para entrar al tema de la migración hacia los Estados Unidos es necesario señalar el significado de los términos empleados por las autoridades estadounidenses para denominar y distinguir a los migrantes que se internan en ese país. Las autoridades migratorias de los Estados Unidos denominan a los inmigrantes legales o indocumentados como inmigrantes no autorizados.

Para el *Immigration and Naturalization Service* de los Estados Unidos (INS) los inmigrantes no autorizados son las personas nacidas en el extranjero que ingresaron el país sin pasar alguna inspección o violando los términos de una admisión temporal; obtuvieron protección temporal contra la cancelación de los beneficios que se otorgan a inmigrantes. Por ejemplo, las siguientes personas nacidas en el extranjero no son consideradas residentes no autorizados: refugiados, asilados, extranjeros que residen bajo juramento (parolees); quienes tienen autorización para trabajar pero no tienen el status de residentes legales permanentes; y extranjeros a los que se les ha autorizado permanecer y trabajar en los Estados Unidos bajo diversas disposiciones jurídicas. Hoy, el gobierno de Trump se propone deportar a más de 11 millones de indocumentados.

El problema con esta nueva ortodoxia es que es completamente obsoleta. Está basada en un concepto de la inmigración que quizá refleje la realidad de los años ochenta, pero que tiene uy poco que ver con la realidad de nuestros días. La teoría neoclásica que se invoca supone que los individuos maximizan su utilidad y su bienestar buscando un país para lograrlo. Esta aproximación lleva a una categorización clara de que Estados Unidos es "el mejor país". Con base en lo anterior, la mera existencias de disparidades económicas entre diversos países debería ser suficiente para generar flujos migrantes. Estas teorías son simplistas y no explican los movimientos existentes. Parece importante incluir otros factores a los puramente económicos.

La cifra con respecto a Estados Unidos contradice esta teoría. Para empezar, el número de inmigrantes que entran de manera ilegal a este país se está reduciendo: llegó a su punto más alto en 2005 y desde entonces ha estado bajando. Y la proporción de inmigrantes latinoamericanos se desploma. En pocas palabras, desde 2008 han llegado más inmigrantes de Asia que de América Latina y la diferencia no deja de aumentar.

Hay más mexicanos que salen de Estados Unidos que los que entran. Según el Centro de Investigaciones Pew, de 2009 a 2014 hubo un flujo neto de salida (llegadas menos salidas) de 140 mil personas. Esto quiere decir que, si Trump levanta su muro, los mexicanos que no puedan salir serán más que los que no puedan entrar.

Pero Trump ha elegido manejar la carta de la supuesta amenaza de los delitos cometidos por los inmigrantes. Sin embargo, las evidencias en general no dejan lugar a dudas: los inmigrantes hacen que las calles de Estados Unidos sean más seguras. Más o menos un 1,6 por ciento de hombres inmigrantes entre 18 y 39 años de edad terminan encarcelados, a diferencia del 3,3 por ciento de estadounidenses nacidos en el país del mismo grupo de edad. Y entre los hombres nacidos en Estados Unidos que no tienen estudios de bachillerato, la cifra de encarcelados es del 11 por ciento. Entre mexicanos, guatemaltecos y salvadoreños con grado similar de estudios, solo un 2 o un 3 por ciento terminan en la cárcel.

Un estudio realizado en 103 ciudades de 1994 a 2004 encontró que el índice de delitos violentos se reducía conforme aumentaba la concentración de inmigrantes. Numerosos estudios han demostrado que una gran parte de la reducción del índice delictivo en los años noventa fue resultado del aumento de la inmigración.

Otra carta con que juega Trump es la del terrorismo. Pero la verdadera amenaza es que las agencias fronterizas dedican tanto tiempo a perseguir inmigrantes indocumentados que quieren ser jardineros, que se quedan sin recursos para perseguir a quienes quieren ser terroristas suicidas. La política de ir en contra de toda la gama de inmigrantes para combatir al terrorismo equivale a combatir gérmenes con un martillo neumático.

Hay una razón por la que los republicanos, desde Reagan hasta Bush, han apoyado políticas razonables de inmigración. Los inmigrantes son y siempre han sido buenos para Estados Unidos, ya que los actuales flujos migratorios exhiben un patrón más complejo y heterogéneo. La imagen tradicional de los emigrantes mexicanos, vigente hasta los años sesenta, no corresponde ya con el perfil de los actuales migrantes. Actualmente, la mayor parte de los flujos migratorios no se concentran en las actividades agrícolas, ni en las localidades de origen ni en los puntos de destino. Hoy, los menos educados son empleados en los servicios de limpieza, en la construcción, la preparación de alimentos y en la agroindustria.

La importancia de esto último radica en que llena las necesidades de ciertos sectores productivos para ofrecer mercancías a precios bajos, debido a las ventajas que representa la contratación de trabajadores indocumentados, no sujetos al salario mínimo ni a prestaciones sociales, y que contribuyen además a incentivar la economía y a los fondos de pensión norteamericanos.

Diversos estudios destacan que el perfil sociodemográfico de los migrantes ha cambiado de campesinos pobres, con primaria principalmente hombres, con edades promedio de 30 años a una significativa incorporación de jóvenes con edades promedio de 19 años y con escolaridad de 9. Este segmento juvenil en edad de trabajar representa un 40 por ciento aproximadamente del total de trabajadores mexicanos indocumentados en los Estados Unidos.

La mayoría de los inmigrantes van a los Estados Unidos en busca de una oportunidad económica; alrededor de 100 mil por año, menos del 10 por ciento, llegan como refugiados y en busca de asilo ya que escapan de la persecución en sus países. Alrededor de la mitad de inmigrantes y de las personas nacidas en los Estados Unidos pertenecen a la fuerza laboral, una porción apenas más elevada de hombres de origen extranjero y una cantidad apenas menor de mujeres de origen extranjero.

Los efectos de los trabajadores de origen extranjero en los mercados laborales estadounidenses son asuntos muy debatidos. La teoría económica predice que agregar trabajadores extranjeros a la fuerza laboral aumentaría el rendimiento de la economía y reduciría los salarios, o reduciría el índice de aumento en los salarios. Esta teoría fue confirmada por un estudio del Consejo Nacional de Investigaciones (National Research Council) que estimó que la inmigración elevó el Producto Bruto Interno (Gross Domestic product, GDP) de Estados Unidos, el valor de todas las mercaderías y servicios producidos, un diez por ciento de 1 por ciento en 2010, aumentando el PBI de ese año de $15 mil millones que era de $15 billones en 2010. Los salarios promedio en los Estados Unidos disminuyeron 3 por ciento a raíz de la inmigración.

No obstante, la comparación de las ciudades con proporciones variantes de inmigrantes no ha producido una evidencia de reducción del salario relacionada con la inmigración. Por ejemplo, en 1980, más de 125 mil cubanos salieron para los Estados Unidos por el puerto Mariel. Muchos se establecieron en Miami, aumentando la fuerza laboral en un 8 por ciento, pero la tasa de desempleo de los afroamericanos en Miami en 1981 fue menor que en las ciudades como Atlanta, que no recibía inmigrantes cubanos. Un motivo puede ser que los trabajadores de origen estadounidense que competían con los Marielitos se fueron de Miami, o no se mudaron a vivir allí.

Debido a una inmigración interna, la mayoría de los economistas buscaron el impacto de los inmigrantes a lo largo del mercado laboral estadounidense en lugar de hacerlo en cada ciudad en particular. Los inmigrantes y los trabajadores de origen estadounidense se agrupan a menudo según edad y educación para determinar, por ejemplo, cómo los inmigrantes de entre 20 y 25 años con no más que un título de educación secundaria, afectan a trabajadores similares de origen estadounidense. El economista George Borjas asumió que los trabajadores de origen estadounidense y aquellos de origen extranjero de la misma edad y con el mismo nivel de educación son reemplazables, lo que quiere decir que un empleador tiene en cuenta tanto los trabajadores de origen extranjero como los de origen estadounidense ya que se pueden intercambiar. Sin embargo, si ambos trabajadores se complementan, es decir que un carpintero de 30 años de origen estadounidense con un nivel de secundaria es más productivo porque tiene un ayudante de origen extranjero, los inmigrantes pueden incrementar los salarios de trabajadores de origen estadounidense similares. El impacto calculado de los inmigrantes depende en gran medida de las suposiciones, y los estudios económicos no han arribado a conclusiones definitivas aún.

Los inmigrantes no sólo trabajan; además pagan impuestos y consumen servicios que incluyen impuestos. Casi la mitad de los 12 millones de trabajadores estadounidenses sin un título secundario son inmigrantes, y la mayoría tienen bajos ingresos. La mayoría de los impuestos de las personas con bajos ingresos se destinan al Seguro Social y a los impuestos de Medicare, pero la mayor parte de los servicios que incluyen impuestos utilizados por los inmigrantes son la educación y otros servicios brindados por los gobiernos estatales y locales.

Por este motivo, algunos gobiernos locales y estatales llaman a la inmigración un mandato federal sin fondos asignados e intentan recuperar del gobierno federal el costo de proveer servicios a los inmigrantes.

Un resumen de las investigaciones de las Academias Nacionales de Ciencias, Ingeniería y Medicina encontró que los inmigrantes se integran en la sociedad de Estados Unidos tan bien como siempre. El grueso de la evidencia muestra que tienen un efecto muy positivo en el PIB del país, al tiempo que tienen muy poco peso en los salarios en general. El aumento de inmigrantes asiáticos aportará un número gigantesco de personas muy capacitadas, que terminan con un grado de estudios muy superior al promedio estadounidense, así como de productividad e ingresos.

Entonces, ¿por qué el mensaje de Trump está convenciendo? Bueno, el crecimiento económico ha sido lento y los salarios se han estancado (básicamente porque la tecnología está desplazando a los trabajadores). El gobierno es disfuncional y la cuestión de la inmigración se ha convertido en el símbolo de las élites desconectadas con la corriente convencional.

Dos sucesos ayudaron a Trump en el debate por un alto a la inmigración. La reciente recesión (2007- 2008), la peor desde la Gran Depresión, exacerbó el desempleo y redujo la cantidad de extranjeros indocumentados que ingresan al país. No obstante, la mayor parte de los extranjeros indocumentados no regresaron a su país aún si habían perdido su empleo, dado que el trabajo también escaseaba en sus países. La recesión dio como resultado una pérdida de 8 millones de puestos de trabajo; el empleo normal disminuyó de 146 millones en 2007 a 138 millones para fines de 2009. Hubo además un aumento en la implementación de las leyes de inmigración, especialmente después de que el Senado de los Estados Unidos se negara a aprobar un proyecto de ley de reforma en 2007, que incluía la propuesta que solicitaba a los empleadores que despidieran a aquellos empleados cuyos nombres e información sobre el seguro social no coincidan. Los expertos concuerdan en que la cantidad de extranjeros indocumentados disminuyó entre 2008 y 2009 por primera vez en dos décadas, pero disienten sobre el motivo por el cuál decayó. Algunos estudios hacen hincapié en la recesión, sugiriendo que la cantidad de extranjeros indocumentados aumentará nuevamente con la recuperación económica y el crecimiento de puestos laborales. Otros resaltan los efectos de los esfuerzos de implementar las leyes estatales y federales para evitar dar empleo a los trabajadores indocumentados en los Estados Unidos.

Pero, más que nada, la posición de Trump es el choque de dos tendencias:

el envejecimiento del Partido Republicano y el aumento del mestizaje en Estados Unidos. La base republicana en las primarias está cada vez más formada por gente de mayor edad, que tiene opiniones sobre la inmigración muy negativas. En segundo lugar, para 2044 Estados Unidos será un país en el que predominarán las minorías. Será un país muy diferente del que conocieron quienes crecieron en los años sesenta. Es una transformación histórica que, sin duda, suscitará preocupaciones legítimas.

Pero para los republicanos, la mejor forma de abordar esas preocupaciones no es levantar muros y tratar a los inmigrantes como invasores extranjeros sospechosos. Es trabajar en el sistema de inmigración legal: ampliarlo y modernizarlo de tal manera que la mayoría de la gente pueda entrar en el país como se debe, de una manera en que pueda ser examinada.

Admitir más inmigrantes capacitados y menos trabajadores no calificados. Eso sería una gigantesca bendición para la economía en general. Haría que las políticas de inmigración de Estados Unidos estuvieran menos dirigidas a servir a las élites, como están ahora que les dan una amplia reserva de niñeras y manicuristas. Reducir la oferta de inmigrantes no calificados podría ayudar en algo a elevar los salarios de los estadounidenses no calificados y apaciguaría sus legítimas preocupaciones.

El Partido Republicano de Donald Trump es un partido con la mira puesta en el pasado de unos Estados Unidos que jamás va a regresar. El Partido Republicano de Ronald Reagan, y quizá el mismo partido en el futuro, arreglará el sistema de inmigración y atraerá a la gente que hará que este país vuelva a ser innovador, dinámico e interesante en los años por venir.

Veamos un poco de lo que ocurre en México y las cifras de hispanos y mexicanos en Estados Unidos.

La migración internacional

Por más de un siglo la migración mexicana a Estados Unidos permaneció relativamente estable, hasta que los efectos socioeconómicos negativos, derivados del ineficiente manejo del cambio de modelo de producción en México y de las crisis financieras (1976- 1994) hicieron que la migración se volviera masiva, en un contexto de apertura comercial y de globalización.

A partir de entonces, múltiples factores alientan y mantienen la migración de mexicanos a Estados Unidos para trabajar temporalmente o para establecerse en ese país. Entre los factores que intervienen en el complejo proceso migratorio, se destacan los siguientes: incapacidad de la economía de México para absorber el excedente de fuerza de trabajo; demanda de mano de obra mexicana en los sectores agrícola, industrial y de servicios de la Unión Americana; diferencial salarial entre ambas economías; y operación de complejas redes sociales (familiares) y origen y destino, las cuales facilitan la experiencia migratoria de los mexicanos en Estados Unidos.

Estos factores pueden agruparse en tres grandes categorías: 1. Factores vinculados con la oferta-expulsión de fuerza de trabajo; 2. Factores asociados con la demanda- atracción de mano de obra migrante ; y 3. Numerosos factores sociales que ligan a los migrantes con la familia, los amigos, las comunidades de origen y las de destino, y que son determinantes para reducir los costos y riesgos asociados con el movimiento migratorio a Estados Unidos.

En México, la expulsión de mano de obra está relacionada con las dificultades estructurales de la economía rural que se han agravado durante las dos últimas décadas, la falta de fuentes de empleos se erige como uno de los principales problemas económicos, lo cual se traduce en una creciente presión para emigrar.

La relación migración-producción campesina ha perdido relieve como pilar de la estrategia de subsistencia de amplios sectores de las comunidades rurales de alta migración. El deterioro de las formas de producción campesina está agotando los factores económicos de arraigo local del migrante, debilitando la funcionalidad de la migración internacional circular como factor de equilibrio de la economía regional.

Las dificultades de la economía y la inadecuación de políticas para generar un crecimiento económico relativamente estable y sostenido, no han permitido la generación de empleos formales, empujando a un creciente número de personas a la economía informal ("changarrización") caracterizada por ingresos bajos e inestables.

En la comparación de indicadores económicos de México y Estados Unidos hay que tener suma precaución ya que, en varios casos las tasas mexicanas son relativamente más altas o muy similares. Así, aunque los niveles de desempleo sean relativamente más bajos en México hay que considerar factores como la dimensión de la economía informal que oculta graves problemas de desempleo y subempleo, que no son captadas por la metodología de medición del desempleo abierto; igualmente sucede con las tasas de crecimiento económico que parten de niveles de producto más elevadas en los Estados Unidos. En todo caso se trata de indicadores que expresan los niveles de actividad económica que juegan un papel decisivo en las corrientes migratorias.

Las cifras de la población de emigrantes permanentes varían según la metodología empleada por los autores e incluso difieren de las que reporta el Buró de Censos de Estados Unidos. Los emigrantes permanentes son personas nacidas en un país y que radican en otro; para el caso que nos ocupa se trata de personas nacidas en México que radican habitualmente en los Estados Unidos, ya sea de manera documentada o indocumentada.

Los migrantes a Estados Unidos provienen de todos los estados de la república mexicana, pero la mayor proporción es originaria de cinco de estos. Jalisco, Michoacán, Guanajuato, Estado de México, y Zacatecas agrupan a 45% del total de migrantes . En relación a su población, Baja California y Zacatecas son las entidades con la mayor proporción de emigrantes en Estados Unidos, seguidas de Michoacán y Jalisco. Los estados que históricamente han tenido mayor tradición migratoria son Aguascalientes, Colima, Durango, Guanajuato, Jalisco, Michoacán, Nayarit, San Luis Potosí y Zacatecas.

En el año 2014 existían en Estados Unidos 55.3 millones de hispano, convirtiéndose en el 17.3 por ciento de la población total. De ellos, 19 millones nacieron en el extranjero mientras que 35.9 millones nacieron en estados Unidos. La población de origen mexicano residente en Estados Unidos constituye una presencia cultural, comercial y electoral en esa nación. Representa el 64 por ciento de la población de origen hispánico, que con más de 40 millones de personas comprende la primera minoría de la Unión Americana y el 13% de la población total.

La gran ola de migración hacia Estados Unidos de un solo país, México, se estabilizó en el 2007 y comenzó a disminuir a partir de entonces hasta tener una tasa negativa (regresan más mexicanos anualmente que los que se van a Estados Unidos). En ese año los migrantes llegaron a la cifra de 6.9 millones, para 2014 había disminuido a 5.8 millones. El Pew Research Center calcula que para 2017 serán únicamente 5.3 millones (ver gráfica siguiente). Es a partir de 2009 cuando se incrementa la migración de Asia, principalmente, hacia Estados Unidos.

La estabilización de la migración mexicana está asociada a varios factores, entre los que tenemos la declinación del mercado laboral en la industria de la construcción y el trabajo doméstico, el incremento en medidas de control migratorio y el declinamiento de la tasa de natalidad en México.

En 2014, de acuerdo con cifras del Pew Hispanic Center, el número de personas de origen mexicano que reside en Estados Unidos asciende a 35.4 millones, de los cuales 11.8 son nacidos en México y el resto nacidos en aquel país. Los recientes patrones y políticas de inmigración muestran tanto continuidad como cambios. La continuidad se refleja en la llegada de aproximadamente 104 mil extranjeros por día a los Estados Unidos. Este grupo incluye a 3 mil 100 personas que han recibido la visa de inmigrantes que les permite establecerse y convertirse en ciudadanos naturalizados después de cinco años, y 99 mil 200 turistas y visitantes. Aproximadamente 2 mil extranjeros indocumentados por día se quedan a vivir en los Estados Unidos. Más de la mitad eluden las autoridades migratorias por la frontera con México, los demás ingresan legalmente, pero infringen los términos de sus visas de visita al quedarse a trabajar o al no regresar a sus países.

Consideraciones

La migración de mexicanos a Estados Unidos responde a la interacción de diversos factores que están presentes en tanto en Estados Unidos como en México. En el caso de México los bajos niveles salariales que perciben los trabajadores en comparación con los similares en aquel país representa una poderosa atracción.

Los empresarios estadounidenses que contratan mano de obra mexicana y la economía de los Estados de la Unión Americana reciben amplios beneficios de dicha contratación.

Los problemas estructurales que la economía mexicana en general, y del sector agropecuario en particular registran desde fines de los años sesenta del siglo pasado, se han profundizado en los últimos años pese a las reformas estructurales, por lo que las presiones para emigrar han sido y seguirán siendo fuertes

• El crecimiento demográfico, especialmente de la población económicamente activa se enfrentan a un enorme déficit de empleos presionando a salir del país para buscar mejores ingresos.

• El aumento de la migración internacional en las últimas décadas ha traído una serie de problemas que tienen que ser encausados de forma multinacional para garantizar una migración ordenada, que impida la explotación de migrantes y salvaguarden sus derechos humanos. De tal manera que la migración se convierta en motor del desarrollo, y permita la reducción de conflictos entre la población del país receptor y migrantes.

Los eventos del 11 de septiembre de 2001 que condujeron a una mayor y más severa vigilancia en las fronteras de los Estados Unidos como mecanismo para educir el riesgo de ingresos de terroristas, por un lado; y la búsqueda de adhesión.

Arizona y doce estados más le solicitan a los empleadores que utilicen el sistema de verificación electrónica del gobierno federal (E-Verify) para revisar el estado legal de los nuevos empleados contratados. Los empleadores del sector privado con contratos federales también deben utilizar E-Verify.

2 LA MAGNITUD DEL FENOMENO MIGRATORIO

Los migrantes a Estados Unidos provienen de todos los estados de la república mexicana, pero la mayor proporción es originaria de cinco de estos. Jalisco, Michoacán, Guanajuato, Estado de México, y Zacatecas agrupan a 45% del total de migrantes . En relación a su población, Baja California y Zacatecas son las entidades con la mayor proporción de emigrantes en Estados Unidos, seguidas de Michoacán y Jalisco. Los estados que históricamente han tenido mayor tradición migratoria son Aguascalientes, Colima, Durango, Guanajuato, Jalisco, Michoacán, Nayarit, San Luis Potosí y Zacatecas.

En el año 2014 existían en Estados Unidos 55.3 millones de hispano, convirtiéndose en el 17.3 por ciento de la población total. De ellos, 19 millones nacieron en el extranjero mientras que 35.9 millones nacieron en estados Unidos. La población de origen mexicano residente en Estados Unidos constituye una presencia cultural, comercial y electoral en esa nación. Representa el 64 por ciento de la población de origen hispánico, que con más de 40 millones de personas comprende la primera minoría de la Unión americana y el 13% de la población total.

La gran ola de migración hacia Estados Unidos de un solo país, México, se estabilizó en el 2007 y comenzó a disminuir a partir de entonces hasta tener una tasa negativa (regresan más mexicanos anualmente que los que se van a Estados Unidos). En ese año los migrantes llegaron a la cifra de 6.9 millones, para 2014 había disminuido a 5.8 millones. El Pew Research Center calcula que para 2017 serán únicamente 5.3 millones (ver gráfica siguiente).

Es a partir del año 2009 cuando se incrementa la migración de Asia, hacia Estados Unidos. La estabilización de la migración mexicana está hoy asociada a varios factores, entre los que tenemos la alta declinación del mercado laboral en la industria y rama de la construcción y el trabajo doméstico, el incremento estricto en medidas de control migratorio y el declinamiento de la tasa de natalidad en México.

En 2014, de acuerdo con cifras del Pew Hispanic Center, el número de personas de origen mexicano que reside en Estados Unidos asciende a 35.4 millones, de los cuales 11.8 son nacidos en México y el resto nacidos en aquel país. Los recientes patrones y políticas del Presidente Donald Trump en materia de inmigración muestran los dos, tanto continuidad como cambios. La continuidad se refleja en la llegada de aproximadamente 104 mil extranjeros por día a los Estados Unidos. Este grupo incluye a 3 mil 100 personas que han recibido la visa de inmigrantes que les permite establecerse y convertirse en ciudadanos naturalizados después de cinco años, y 99 mil 200 turistas y visitantes. Aproximadamente 2 mil extranjeros indocumentados por día se quedan a vivir en los Estados Unidos. Más de la mitad eluden las autoridades migratorias por la frontera con México, los demás ingresan legalmente, pero infringen los términos de sus visas de visita al quedarse a trabajar o al no regresar a sus países.

CONSIDERACIONES

La disminución de la migración de mexicanos hacia Estados Unidos responde a la interacción de diversos factores que están presentes en tanto en Estados Unidos como en México. En el caso de México los bajos niveles salariales que perciben los trabajadores en comparación con los similares en aquel país representa una poderosa atracción.
Los empresarios estadounidenses que contratan mano de obra mexicana y la economía de los Estados de la Unión Americana reciben amplios beneficios de dicha contratación.

Los problemas estructurales que la economía mexicana en general, y del sector agropecuario en particular registran desde fines de los años sesenta del siglo pasado, se han profundizado en los últimos años pese a las reformas estructurales, por lo que las presiones para emigrar han sido y seguirán siendo fuertes

• El crecimiento demográfico, especialmente de la población

económicamente activa se enfrentan a un enorme déficit de empleos presionando a salir del país para buscar mejores ingresos.
• El aumento de la migración internacional en las últimas décadas ha traído una serie de problemas que tienen que ser encausados de forma multinacional para garantizar una migración ordenada, que impida la explotación de migrantes y salvaguarden sus derechos humanos. De tal manera que la migración se convierta en motor del desarrollo, y permita la reducción de conflictos entre la población del país receptor y migrantes.

Es prácticamente imposible plantear la renegociación del Tratado de Libre Comercio de América del Norte sin incluir los asuntos migratorios dadas las profundas asimetrías entre México y Estados Unidos.

Arizona y doce estados más les solicitan a los empleadores que utilicen el sistema de verificación electrónica del gobierno federal (E-Verify) para revisar el estado legal de los nuevos empleados contratados. Los empleadores del sector privado con contratos federales también deben utilizar E-Verify.

A pesar de todos los esfuerzos coercitivos de mantener afuera a los trabajadores mexicanos dispuestos a trabajar han engendrado una cultura subterránea de fraude y contrabando, han causado centenares de muertes innecesarias en el desierto, o en lugares inimaginables y han desviado la atención y recursos que serían útiles en materias reales de seguridad fronteriza. Esos esfuerzos alteraron el flujo tradicional de migración circular, incrementando la cantidad de mexicanos ilegales en Estados Unidos. Mientras los mexicanos realicen los trabajos que los norteamericanos no quieren realizar, habrá demanda de mano de obra, ya sea legal o ilegal y habrá migración.

Para los encargados de hacer política pública en Estados Unidos, no hay muchas opciones, se enfrentan a tres posibles opciones en respuesta a la inmigración ilegal. Una sería realizar todas las acciones previstas por Trump y sus asesores, caerle encima una vez más a los migrantes, con redadas masivas y no de pequeños grupos como lo hacen hasta ahora. A ese ritmo de 100 mil al año tardarían 50 años en deportar a los actuales y a los que llegarán en eses lapso. El gobierno federal podría construir el famoso muro mucho más rápido que lo planeado, digamos, en dos años, de 2,000 millas de San

Diego a Brownsville y reasignar o contratar a decenas de miles de agentes para patrullarlo. Podría enviar internamente a miles de agentes gubernamentales adicionales para hacer redadas en negocios, multar a empleadores y cazar y deportar a los millones de indocumentados que viven y trabajan en Estados Unidos—sin importar lo profundo de sus lazos a sus trabajos, familias y comunidades. Podría obligar a todo ciudadano y no-ciudadano estadounidense a llevar consigo una tarjeta de identificación nacional o a registrarse en una base de datos nacional como requerimiento previo para ganarse la vida. Pero esa opción impondría un alto costo en términos de gastos gubernamentales, producción económica y libertad. Desviaría recursos del esfuerzo nacional por combatir el terrorismo y, al igual que esfuerzos similares hechos en el pasado, fracasaría.

Otra opción sería aceptar el statu quo. Podría Estados Unidos continuar indefinidamente con millones de personas viviendo allá sin documentos oficiales y cientos de miles entrando cada año. Millones de trabajadores y sus familias podrían seguir viviendo en las sombras legales, temerosos de presentarse ante las autoridades, incapaces de disfrutar de todos los frutos de su trabajo y dudosos de regresar a su patria. El statu quo perpetuaría una economía dual en la que una demanda creciente de trabajadores sería satisfecha por medio de una oferta subterránea, sueldos artificialmente bajos, y malas condiciones de trabajo para todos aquellos que están en los escalones más bajos de la pirámide laboral. El statu quo se burla del Estado de Derecho al mantener un sistema migratorio en conflicto fundamental con las leyes de economía y de aspiraciones legítimas de millones de personas. Tarde o temprano, explotaría como un grave problema social.

Una tercera opción sería arreglar el fallido sistema de inmigración para que se conforme a las realidades de una sociedad libre y una economía libre y eficiente. Un sistema legalizado de migración mexicana podría, de un plumazo, traer a la superficie un enorme mercado subterráneo. Le permitiría a productores estadounidenses en sectores importantes de la economía contratar a los trabajadores que necesitan para crecer. Mejoraría los sueldos y condiciones laborales de millones de trabajadores poco calificados e impulsaría la inversión en capital humano. Liberaría recursos y personal para la guerra contra el terrorismo. Promovería el desarrollo económico en México y mejores relaciones con un vecino importante.

El Presidente Trump, los líderes de ambos partidos en el Congreso de Estados Unidos, así como las autoridades mexicanas deben regresar a la tarea de reformar el disfuncional sistema migratorio de Estados Unidos para hacerlo económico, humano, y compatible con la manera en que los estadounidenses viven sus vidas, y realizar políticas internacionales conjuntas que cambien esta situación.

También es necesario hacer campañas de culturización o sensibilización a ciertos sectores de la población estadounidense que dejándose manipular por ciertos "lideres" y sus asesores, van por la tarea fácil de culpar a los inmigrantes de los problemas de su nación, como un día lo hiciese Adolf Hitler con los judíos.

Un ejemplo de lo anterior es el siguiente fragmento del libro "El Cambio de Poder" de Alvin Toffler: "el sentimiento en contra de la inmigración está al rojo vivo, fomentado por ecoextremistas que achacan al influjo de la inmigración mexicana el deterioro del medio ambiente de Estado Unidos". Ayer lo dijo Toffler, hoy Bannon y sus aliados lo repiten mil veces.

EXISTE UNA MEJOR MANERA DE HACER LAS COSAS.

Ambos países deben llegar a una solución duradera, innovadora y cooperativa para cosechar los tremendos frutos de dirigir la migración legal y bien regularizada hacia actividades que complementen y permitan el bienestar y potencial productivo de todos los trabajadores y sus familias. Pensemos, por ejemplo, en los estadounidenses ancianos a los que cuidan los enfermeros mexicanos, o en los niños estadounidenses que son criados en hogares que se construyen y se mantienen limpios gracias a trabajadores mexicanos, así como las oportunidades de que esto les permita a las familias mexicanas transformar sus vidas, como alguna vez sucedió con la mayoría de las familias estadounidenses cuando sus antepasados fueron migrantes.

Es posible regular estas actividades en formas que genere trabajos nuevos y mejores para los trabajadores estadounidenses de todos los niveles educativos, promuevan la inversión y el crecimiento en ambos países y fortalezcan las leyes de México y Estados Unidos. Un mercado laboral bien regulado puede dar forma a un flujo de mano de obra migrante que complemente, en lugar de competir con los trabajadores de Estados Unidos. Un mercado negro no puede hacer eso.

Un acuerdo como ese requiere innovación. Nuestros países necesitan un acuerdo para el siglo XXI que rompa con los moldes, no los acuerdos defectuosos de generaciones pasadas. Por eso le pedimos a un grupo de ciudadanos destacados de ambos países, con una extensa visión y habilidad política, que nos asesoraran en cómo Estados Unidos y México podían regular conjuntamente en el futuro la migración laboral no especializada para beneficio de ambos países. Sus antecedentes en seguridad nacional, sindicatos laborales, derecho, comercio, diplomacia y economía ayudaron a sustentar lo que consideramos un plan realista para el futuro.

El ex presidente Ernesto Zedillo ha propuesto un anteproyecto innovador para una nueva era de cooperación. Entre las propuestas se incluyen un sistema de aranceles para garantizar que a los empleadores estadounidenses les convenga contratar primero a trabajadores estadounidenses; una forma de portabilidad de visa entre empleadores que permitiría proteger los derechos de los trabajadores mexicanos y estadounidenses; un límite de salvaguardas para evitar un alza no prevista en la cantidad de trabajadores que cruzan la frontera y nuevos incentivos para la capacitación laboral, retorno de migrantes e integración.

Así mismo, se propone un sistema integral y bilateral para regular a los reclutadores de mano de obra mexicana, por primera vez en medio siglo, a fin de respetar los derechos laborales y las leyes de ambos países.

Para Zedillo, algunos escépticos podrán decir que el nivel de rencor político ahogará el pragmatismo cooperativo. Su respuesta es que ya hemos esperado mucho tiempo una solución duradera a la inmigración ilegal, y que nuestra propuesta es una vía práctica y a largo plazo para eliminar y reemplazar al mercado negro. Otros podrán señalar que la migración neta transfronteriza cayó enormemente después de la Gran Recesión. Observamos que aquellos que se centran en estos pequeños flujos netos ocultan la auténtica magnitud de los flujos en ambas direcciones, los cuales aún requiere una regularización adecuada; cerca de 150 mil a 200 mil mexicanos cruzan la frontera cada año hacia el norte y casi el mismo número se dirige hacia el sur.

Los dos países han intentado el unilateralismo durante dos generaciones y no ha funcionado. Hay alternativas bien pensadas y los vecinos no tienen otra opción que trabajar juntos. En una frontera común, se puede construir un futuro común.

CONCLUYENDO

A pesar de todos los esfuerzos coercitivos de mantener afuera a los trabajadores mexicanos dispuestos a trabajar han engendrado una cultura subterránea de fraude y contrabando, han causado centenares de muertes innecesarias en el desierto, o en lugares inimaginables y han desviado la atención y recursos que serían útiles en materias reales de seguridad fronteriza.

Esos esfuerzos alteraron el flujo tradicional de migración circular, incrementando la cantidad de mexicanos ilegales en Estados Unidos. Mientras los mexicanos realicen los trabajos que los norteamericanos no quieren realizar, habrá demanda de mano de obra, ya sea legal o ilegal y habrá migración.

Para los encargados de hacer política pública en Estados Unidos, no hay muchas opciones, se enfrentan a tres posibles opciones en respuesta a la inmigración ilegal. Una sería realizar todas las acciones previstas por Trump y sus asesores, caerle encima una vez más a los migrantes, con redadas masivas y no de pequeños grupos como lo hacen hasta ahora. A ese ritmo de 100 mil al año tardarían 50 años en deportar a los actuales y a los que llegarán en eses lapso. El gobierno federal podría construir el famoso muro mucho más rápido que lo planeado, digamos, en dos años, de 2,000 millas de San Diego a Brownsville y reasignar o contratar a decenas de miles de agentes para patrullarlo. Podría enviar internamente a miles de agentes gubernamentales adicionales para hacer redadas en negocios, multar a empleadores y cazar y deportar a los millones de indocumentados que viven y trabajan en Estados Unidos—sin importar lo profundo de sus lazos a sus trabajos, familias y comunidades. Podría obligar a todo ciudadano y no-ciudadano estadounidense a llevar consigo una tarjeta de identificación nacional o a registrarse en una base de datos nacional como requerimiento previo para ganarse la vida. Pero esa opción impondría un alto costo en términos de gastos gubernamentales, producción económica y libertad. Desviaría recursos del esfuerzo nacional por combatir el terrorismo y, al igual que esfuerzos similares hechos en el pasado, fracasaría.

Otra opción sería aceptar el statu quo. Podría Estados Unidos continuar indefinidamente con millones de personas viviendo allá sin documentos oficiales y cientos de miles entrando cada año. Millones de trabajadores y sus familias podrían seguir viviendo en las sombras legales, temerosos de presentarse ante las autoridades, incapaces de disfrutar de todos los frutos de su trabajo y dudosos de regresar a su patria. El statu quo perpetuaría una economía dual en la que una demanda creciente de trabajadores sería satisfecha por medio de una oferta subterránea, sueldos artificialmente bajos, y malas condiciones de trabajo para todos aquellos que están en los escalones más bajos de la pirámide laboral. El statu quo se burla del Estado de Derecho al mantener un sistema migratorio en conflicto fundamental con las leyes de economía y de aspiraciones legítimas de millones de personas. Tarde o temprano, explotaría como un grave problema social.

Una tercera opción sería arreglar el fallido sistema de inmigración para que se conforme a las realidades de una sociedad libre y una economía libre y eficiente. Un sistema legalizado de migración mexicana podría, de un plumazo, traer a la superficie un enorme mercado subterráneo. Le permitiría a productores estadounidenses en sectores importantes de la economía contratar a los trabajadores que necesitan para crecer. Mejoraría los sueldos y condiciones laborales de millones de trabajadores poco calificados e impulsaría la inversión en capital humano. Liberaría recursos y personal para la guerra contra el terrorismo, además de que promovería el desarrollo económico en México y mejores relaciones con un vecino importante.

¿Cuáles son los cambios legales e institucionales que han de introducir los países para poderse beneficiar de la globalización? ¿Por qué algunos países se benefician del proceso y otros no, y cómo puede facilitarse la asistencia necesaria para introducir los cambios necesarios?
¿Cuáles son las barreras a la creación de empleo? ¿Qué políticas de protección y seguridad sociales son viables económicamente y resultan más eficaces? ¿Cómo pueden ayudar a los países la educación y el desarrollo de las calificaciones para cosechar los beneficios de la tecnología de la información y las comunicaciones? ¿Cuáles son los obstáculos a la creación de capital nacional en ciertos países, y por qué existen?

Los dos países han intentado el unilateralismo durante dos generaciones y no ha funcionado. Hay alternativas bien pensadas y los vecinos no tienen otra opción que trabajar juntos. En una frontera común, se puede construir un futuro común.

Aunque en parte esta clase de reacción nacionalista será inevitable, optar masivamente por ella sería desperdiciar un muro que le costará mucho dinero a Estados Unidos. Será mucho mejor que México desarrolle para sí una versión propia de la sociedad abierta, como imagen contrastada a la nueva cerrazón estadunidense. Que una sociedad mexicana libre y abierta juegue frontón en el "bello muro" que terminará por asfixiar a la sociedad estadunidense en sus ínfulas de pureza.

Sería ingenuo decir que los Estados no se saltan constantemente el derecho de asilo. Pero ningún país democrático se había atrevido a suspenderlo de manera total y unilateral como hizo durante la primera semana del mandato de Trump, después de que firmara una orden ejecutiva que prohibía la entrada a todos los refugiados y a los ciudadanos de siete países de mayoría musulmana.

El jurista británico Philippe Sands, profesor de Derecho en el University College de Londres cuyo libro East West Street: On The Origins Of Genocide And Crimes Against Humanity aparecerá en español en 2017 en Anagrama, se pronuncia en un sentido parecido: "Durante su conversación el pasado fin de semana, la canciller Merkel le recordó a Trump la Convención de Ginebra y el derecho de asilo. Esta convención fue adoptada como una parte del acuerdo internacional posterior a 1945. El asilo es un derecho fundamental, una de las armas de nuestro pacto global para prevenir el genocidio y los crímenes contra la humanidad". Con su orden ejecutiva, Trump no sólo borra de un plumazo todo este acervo jurídico, sino que se salta la tradición de su país, que desde su nacimiento fue una tierra de asilo para millones de irlandeses, italianos, suecos, noruegos o rusos que escapaban del hambre, de la pobreza o de la injusticia.

Para entender lo que significa la negación del derecho de asilo se debería viajar hasta la localidad catalana de Portbou, casi en la frontera con Francia. Allí se suicidó en 1940 el filósofo judío alemán Walter Benjamin, uno de los autores más influyentes y citados del siglo XX, cuando comprendió que el régimen de Franco le iba a entregar a los nazis.

El artista israelí Dani Karavan construyó un sencillo memorial, una estructura de hierro que abre una ventana al mar, para recordar que negar el refugio al que huye para salvar su vida es negar el futuro y la vida. Representa olvidar lo poco que hemos aprendido después de siglos de guerras, catástrofes y persecuciones.

Los dos decretos presidenciales que ha firmado Donald Trump en materia de inmigración contienen algunas de las restricciones más amplias aprobadas hasta ahora y ordena la expulsión de indocumentados sospechosos de haber cometido un delito antes de ser juzgados por ellos. Repasamos los decretos y los argumentos esbozados por Trump y que van más allá de la construcción del muro en la frontera con México:

"Muchos inmigrantes que entran ilegalmente o que se quedan en el país una vez caducados sus visados suponen una amenaza significativa para la seguridad nacional".

"Las ciudades santuario han causado un daño inconmensurable al pueblo estadounidense y la fundación de nuestra República".

"El aumento reciente de la inmigración ilegal en la frontera sur con México ha puesto una carga innecesaria en el presupuesto federal".

"Entre quienes entran ilegalmente se encuentran los que buscan dañar a los estadounidenses mediante actos de terrorismo o criminales".

"La inmigración ilegal presenta una amenaza constante a los intereses de EE UU".

La orden indica que se deberá priorizar la expulsión de Estados Unidos a aquellas personas que han sido condenadas o acusadas por una ofensa criminal, aunque la acusación no haya sido resuelta; han cometido actos que constituyen "una ofensa criminal punible", han cometido un fraude o empleado una identidad falsa ante una agencia gubernamental, han abusado de los programas de ayudas públicas, han recibido una orden de deportación o que "a juicio de un agente de inmigración" supongan un riesgo para la seguridad pública o nacional.

Esto supone ampliar las categorías legales de aquellas personas que pueden ser deportadas de Estados Unidos, que bajo la Administración Obama se limitaba a quienes hubieran sido condenados por delitos.

La polémica ley de Arizona que en 2011 bloqueó la Corte Suprema por ser anticonstitucional, por ejemplo, tenía como objetivo a "sospechosos" de ser indocumentados. El texto firmado por Trump va más allá y amenaza con la deportación a quienes, a juicio de un agente, puedan suponer una amenaza para la seguridad y aquellos acusados de delitos y que aún no han sido juzgados.

Trump recupera el programa "comunidades seguras". Se trata de una directiva federal que da permiso a las agencias de seguridad estatales a operar como agentes de inmigración. Es decir, los agentes de tráfico que den el alto a un indocumentado y detecten su estatus ilegal, podrán entregarles a las autoridades de inmigración para detenerles y proceder a su deportación.

El expresidente Obama congeló este programa para dar prioridad a las deportaciones de aquellos indocumentados que habían cometido delitos. "Comunidades seguras" está considerado como uno de los sistemas que dispararon la detención de indocumentados en los últimos años de la Administración Bush.

Fin de las "ciudades santuario". Son lo contrario que el programa de "comunidades seguras": ciudades que se niegan a que sus agentes de seguridad entreguen a indocumentados a las autoridades de inmigración. La orden de Trump quiere terminar con ellas retirando los fondos federales a cualquier localidad que incurra en esta práctica. "Decenas de miles de indocumentados han sido liberados en nuestras comunidades por todo el país (...) Su presencia es contraria a nuestros intereses nacionales".

Detención de indocumentados. La Administración Trump también ha puesto fin a una práctica conocida como "catch and release" y que ordenaba la puesta en libertad de aquellos indocumentados detenidos nada más entrar ilegalmente hasta que recibieran una citación judicial. La medida fue aplicada especialmente por el gobierno de Barack Obama durante la oleada migratoria que llevó a miles de centroamericanos menores de edad, algunos de ellos solos, hasta la frontera estadounidense en el verano de 2014. Según la orden ejecutiva firmada este miércoles, todos los apresados por entrada ilegal quedarán detenidos en los centros para inmigrantes hasta su juicio.

Un muro y nuevos centros de detención. El secretario de Seguridad Nacional "tomará todas las medidas necesarias para identificar los recursos disponibles para construir, operar y controlar inmediatamente instalaciones para detener indocumentados en o cerca de la frontera" sur del país. Este apartado responde a la creciente demanda que provocaría la detención masiva de indocumentados. Trump ha prometido expulsar a entre dos y tres millones de indocumentados que han cometido delitos en Estados Unidos, aunque diversos estudios disputan esa cifra. Obama batió el récord de deportaciones en los primeros años de su mandato, por lo que los mismos indocumentados de los que habla Trump podrían no encontrarse ya en el país.

De cumplir sus promesas de deportar a seis millones de ilegales, detener la inmigración y establecer penas más severas para empleadores, la economía norteamericana se verá muy afectada. Afortunadamente para los mexicanos ilegales, física y económicamente, eso es imposible para Trump.

La migración es uno de los fenómenos más importantes del Siglo XXI que alimenta el proceso de globalización. La mayoría de los movimientos poblacionales se originan en la búsqueda de mejores condiciones de vida, en los que influyen las asimetrías económicas y sociales entre las naciones; la creciente interdependencia y las intensas relaciones e intercambios entre los países.

En las últimas décadas hemos presenciado una liberalización importante de los intercambios de bienes y servicios, así como de los flujos de capitales, todo ello como parte de la liberalización del comercio, de los servicios y las inversiones. El movimiento de personas, sin embargo, sigue sujeto a fuertes restricciones que se traducen a creciente resistencia a la migración por parte de algunos países receptores. Solamente en los diez años de vigencia del tratado de libre comercio de Norteamérica conocido como NAFTA (por sus siglas en inglés) la migración de México hacia Estados Unidos creció diez veces.

No es casual que a partir de Septiembre de 2001 el tema de migración se vinculó, en Estados Unidos principalmente, a la Seguridad Nacional. Cuidar las fronteras para que no entren los terroristas, pero tampoco los inmigrantes indocumentados, es una especie de nueva consigna de la administración Trump.

Los acontecimientos y manifestaciones acaecidos en Estados Unidos en torno al proyecto De Trump que pretende convertir en criminales a los inmigrantes indocumentados y a quienes los empleen o les ofrezcan servicios, es un claro ejemplo de la importancia que este tema ofrece en el mundo actual. Para detener el flujo de migrantes, Trump destaca el despliegue de la Guardia Nacional en la frontera sur de Estados Unidos; la contratación de hasta 5 mil agentes adicionales a la Patrulla Fronteriza y de hasta 2,500 inspectores adicionales en los puertos de entrada al país; así mismo, la autorización de la construcción de un muro a todo lo largo de la frontera sur y de barreras para evitar el paso de vehículos, son algunas evidencias de la magnitud del problema al que ahora estamos enfrentados. Las medidas de fuerza conllevan a que los derechos humanos de los y las migrantes sean violentados y la situación de los migrantes se vuelva más vulnerable. Por un lado, en los países de origen no se resuelven las situaciones sociales, pero además en los países receptores continúa creciente la demanda de trabajo.

Finalizamos con una llamada a ser más humanos en este mundo convulso y convulsionado.

Vienen del Sur, del Este, del Oeste

con la mirada esquiva del que sabe y porque sabe
desconfía

sólo tienen sus manos y con ellos se enganchan a la
vida.

Vienen del Sur, del Este, del Oeste

con la sed de justicia del que sabe que su causa está
perdida

un té con yerbabuena

les deja frente a frente con la pena...

Viene del Sur, del Este, del Oeste

con la memoria intacta y de canciones rebosando la
garganta

alguna vez las cantan y con ellas acortan la distancia.

Viene del Sur, del Este, del Oeste

con la esperanza ciega del que sabe que no existen las
fronteras

a ver quién pone puertas, el hambre es imparable y da
tristeza.

Nadie les va a dar dátiles ni miel

leche de cabra, arepas, ni sancocho

pan de centeno y un arenque arriba

carimañolas ni pastel de choclo

mole poblano flor de calabaza

dulce de yuca, agüita de coco.

Que vuelvan a casa, que regresen pronto

pero si ellos quieren, que se queden todos...

VIENEN DEL SUR

Víctor Manuel San José

3 MIGRACIÓN Y DESARROLLO

El período posterior a la Guerra Fría se inició con una llamarada de optimismo acerca de la democracia, el libre mercado, la integración y los proyectos para beneficiar a la humanidad.

Muchos veían a la globalización como irreversible y los científicos sociales, los sociólogos y economistas escribían sobre el fin de los estados nacionales, el imperativo de la democratización global y la necesidad de adaptación a las fuerzas del mercado. Entonces, en el año 2001, 19 terroristas secuestraron aviones y los estrellaron contra el World Trade Center y el Pentágono; el mundo cambió para siempre. ¿Para siempre?

No. El 20 de enero de 2017 Donald Trump asume la presidencia de Estados Unidos; el mundo cambió para siempre.

Una de las características del proceso de globalización lo constituyen las migraciones internacionales. Otro son los flujos fronterizos de capitales, mercancías y personas y la proliferación de redes transnacionales con nodos de control en múltiples localidades.

1. Feminización de la migración laboral

- En ALC, las mujeres constituyen mas de la mitad del total de las personas migrantes identificadas en los países de destino.
- Las mujeres no son solo familiares acompañantes de sus pares varones sino que forman contingentes de migración autónoma

Porcentaje de mujeres migrantes y edad promedio		
	Porcentaje de mujeres migrantes	Edad promedio
Total América	51,4	39,4
América Latina y el Caribe	51,6	36,7
Caribe	49	34,4
América Central*	50	23,8
América del Sur	52,8	41,6
América del Norte**	51,2	42,2

* Incluye México ** Sin México

Fuente: Naciones Unidas, Departamento de Asuntos Económicos y Sociales (UNDESA), División de Población (20 International Migration 2013 Wallchart (United Nations publication, Sales No. E. 13.XIII.8

Una de las cuestiones analíticas clave que debe plantearse acerca del 9-11 y del 20-17 es de cómo afectó y afectará la migración internacional. En un ambiente posterior a estos dos hechos los argumentos centrales adoptan una nueva urgencia. El resurgimiento de la derecha radical en el mundo pone en peligro a esas oleadas de migrantes que, por diversas razones, requieren de apoyo.

Desde comienzos del siglo pasado la migración mexicana hacia Estados Unidos se ha caracterizado por constituir un fenómeno complejo, con profundas raíces históricas en los dos lados de la frontera. Hechos como la vecindad geográfica, las asimetrías económicas y sociales, los procesos de integración económica, los crecientes intercambios comerciales entre ambos países, alientan esas corrientes migratorias.

La migración internacional está asociada a las profundas asimetrías económicas entre países, particularmente agravadas por situaciones de crisis económicas en países de menor desarrollo. Si en el país de origen las dificultades económicas aumentan la pobreza y la marginación, las corrientes migratorias se orientarán a los países en donde existan mayores oportunidades de empleos e ingresos. Incluso aún habiendo crecimiento económico, la insuficiente generación de empleos relativamente bien remunerados motiva la migración de personas en búsqueda de mejores condiciones de vida.

La migración también tiene entre sus múltiples y complejas causas la existencia de factores políticos adversos para grupos de la población, conflictos étnicos, religiosos, bélicos e, incluso, desastres naturales. En los actuales procesos migratorios internacionales no sólo son importantes los desplazamientos de personas y bienes materiales, sino también símbolos, valores, cultura y la información que portan, todo lo cual que se ha potenciado en la era de la globalización gracias a las telecomunicaciones y a la flexibilización de las fronteras de los Estados.

La migración es un fenómeno demográfico que se ha registrado en todos los periodos históricos, en formas y grados muy diversos. La migración es definida como "el cambio de residencia habitual mediante un desplazamiento de una unidad geográfica a otra (país, entidad federativa, municipio o delegación)".

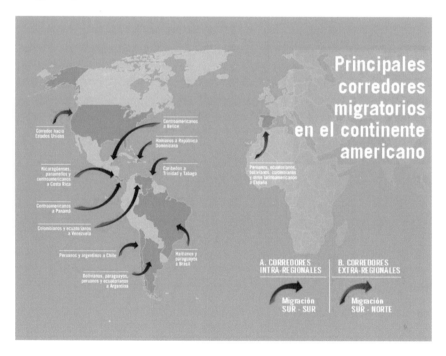

Estados Unidos y México comparten una rica historia. Durante más de un siglo, la gente ha ido y venido a través de la frontera para trabajar. Su trabajo arduo y dedicación podrían haber tenido lugar dentro de un mercado laboral bien regulado y ventajoso para ambos países. Sin embargo, en años recientes la mayor parte de la mano de obra se ha movido en un vasto mercado negro, afectando a los trabajadores, las familias, la seguridad y las finanzas públicas en ambos países.

La frontera México-Estados Unidos ha sido escenario por varios siglos de constantes migraciones y asentamientos, con episodios de disputas y acuerdos, y donde la mezcla de culturas ha desarrollado una población y un estilo de vida particulares. En esta franja se ha desplegado una economía pujante en las últimas décadas, que la ha convertido en una de las más transitadas del mundo.

Desde finales del siglo XIX, el desarrollo tan dispar entre los dos países condujo a una oferta y demanda de mano de obra que mantuvo por décadas una migración, con bajo crecimiento, de trabajadores mexicanos procedentes de determinadas regiones de México.

Donald Trump ha insistido desde su campaña, y ahora como Presidente, en la promesa de que construirá un muro a lo largo de la frontera con México. La idea llama la atención (por irrealizable que sea) pero lo sorprendente es que no está muy alejada de la actual ortodoxia republicana.

En este sentido, la actual migración mexicana a Estados Unidos, en su especificidad, se inserta en la nueva era de la migración internacional, forma parte de la dinámica de la globalización del mercado y está estructuralmente incrustada en las economías y las sociedades de gran parte del mundo.

Contexto

TRABAJADORES MIGRANTES EN EL CONTINENTE AMERICANO (27 % del total de trabajadores migrantes del mundo)			
	AMERICA DEL NORTE	AMERICA LATINA & CARIBE	TOTAL
Año 2010	25,1 Millones	3,2 Millones	28,3 M
Año 2015	37,0 Millones	4,3 Millones	41,3 M

Fuente: OIT

- Un incremento total de 13,1 millones de personas en tan sólo cinco años para un total de 41.3 millones de trabajadores migrantes.

- Y esto se da en un complejo y cambiante sistema de corredores de migración laboral

Hace poco tiempo se podía ser conservador y estar a favor de políticas de inmigración razonables. Ronald Reagan, Jack Kemp, Steve Forbes y George W. Bush adoptaron posiciones abiertas en esa materia. La globalización ha desafiado la autoridad de los gobiernos nacionales desde arriba y desde abajo. El crecimiento de la sociedad transnacional ha hecho surgir temas y problemas novedosas y ha difuminado las esferas de autoridad, control y toma de decisiones que antes eran bastante distintas. En general, la migración internacional no había sido vista como un tema político central. Trump lo convirtió en uno.

México ha sido históricamente un país de migrantes, donde la emigración ha tenido el mayor peso. Estados Unidos ha sido el principal destino de los mexicanos que se han ido al exterior. Los migrantes provienen tanto del medio urbano como del rural y de todas las entidades federativas.

Durante cuarenta años, la migración ilegal fue fomentada, o tolerada, por Estados Unidos debido a la necesidad de mano de obra en el campo y en la construcción. Pero los tiempos han cambiado. Ahora hay que demostrar el abolengo conservador al decir que se quiere deportar a todos los extranjeros indocumentados; hay que oponerse al aumento de los flujos migratorios, y hoy Donald Trump tiene a las multitudes republicanas a sus pies al despotricar en contra de las supuestas hordas de criminales que entran a hurtadillas desde México y los terroristas que se pueden filtrar por la frontera sur, además de la droga "que pasa como agua".

Para entrar al tema de la migración hacia los Estados Unidos es necesario señalar el significado de los términos empleados por las autoridades estadounidenses para denominar y distinguir a los migrantes que se internan en ese país. Las autoridades migratorias de los Estados Unidos denominan a los inmigrantes legales o indocumentados como inmigrantes no autorizados.

Para el Immigration and Naturalization Service de los Estados Unidos (INS) los inmigrantes no autorizados son las personas nacidas en el extranjero que ingresaron el país sin pasar alguna inspección o violando los términos de una admisión temporal; obtuvieron protección temporal contra la cancelación de los beneficios que se otorgan a inmigrantes. Por ejemplo, las siguientes personas nacidas en el extranjero no son consideradas residentes no autorizados: refugiados, asilados, extranjeros que residen bajo juramento (parolees); quienes tienen autorización para trabajar pero no tienen el status de residentes legales permanentes; y extranjeros a los que se les ha autorizado permanecer y trabajar en los Estados Unidos bajo diversas disposiciones jurídicas.

Hay más mexicanos que salen de Estados Unidos que los que entran. Según el Centro de Investigaciones Pew, de 2009 a 2014 hubo un flujo neto de salida (llegadas menos salidas) de 140 mil personas. Esto quiere decir que, si Trump levanta su muro, los mexicanos que no puedan salir serán más que los que no puedan entrar.

Pero Trump ha elegido manejar la carta de la supuesta amenaza de los delitos cometidos por los inmigrantes. Sin embargo, las evidencias en general no dejan lugar a dudas: los inmigrantes hacen que las calles de Estados Unidos sean más seguras. Más o menos un 1,6 por ciento de hombres inmigrantes entre 18 y 39 años de edad terminan encarcelados, a diferencia del 3,3 por ciento de estadounidenses nacidos en el país del mismo grupo de edad. Y entre los hombres nacidos en Estados Unidos que no tienen estudios de bachillerato, la cifra de encarcelados es del 11 por ciento. Entre mexicanos, guatemaltecos y salvadoreños con grado similar de estudios, solo un 2 o un 3 por ciento terminan en la cárcel.

Un estudio realizado en 103 ciudades de 1994 a 2004 encontró que el índice de delitos violentos se reducía conforme aumentaba la concentración de inmigrantes. Numerosos estudios han demostrado que una gran parte de la reducción del índice delictivo en los años noventa fue resultado del aumento de la inmigración.

Otra carta con que juega Trump es la del terrorismo. Pero la verdadera amenaza es que las agencias fronterizas dedican tanto tiempo a perseguir inmigrantes indocumentados que quieren ser jardineros, que se quedan sin recursos para perseguir a quienes quieren ser terroristas suicidas. La política de ir en contra de toda la gama de inmigrantes para combatir al terrorismo equivale a combatir gérmenes con un martillo neumático.

Hay una razón por la que los republicanos, desde Reagan hasta Bush, han apoyado políticas razonables de inmigración. Los inmigrantes son y siempre han sido buenos para Estados Unidos, ya que los actuales flujos migratorios exhiben un patrón más complejo y heterogéneo. La imagen tradicional de los emigrantes mexicanos, vigente hasta los años sesenta, no corresponde ya con el perfil de los actuales migrantes. Actualmente, la mayor parte de los flujos migratorios no se concentran en las actividades agrícolas, ni en las localidades de origen ni en los puntos de destino. Hoy, los menos educados son empleados en los servicios de limpieza, en la construcción, la preparación de alimentos y en la agroindustria.

La importancia de esto último radica en que llena las necesidades de ciertos sectores productivos para ofrecer mercancías a precios bajos, debido a las ventajas que representa la contratación de trabajadores indocumentados, no sujetos al salario mínimo ni a prestaciones sociales, y que contribuyen además a incentivar la economía y a los fondos de pensión norteamericanos.

Diversos estudios destacan que el perfil sociodemográfico de los migrantes ha cambiado de campesinos pobres, con primaria principalmente hombres, con edades promedio de 30 años a una significativa incorporación de jóvenes con edades promedio de 19 años y con escolaridad de 9. Este segmento juvenil en edad trabajar representa un 40 por ciento aproximadamente del total de trabajadores mexicanos indocumentados en los Estados Unidos.

La mayoría de los inmigrantes van a los Estados Unidos en busca de una oportunidad económica; alrededor de 100 mil por año, menos del 10 por ciento, llegan como refugiados y en busca de asilo ya que escapan de la persecución en sus países. Alrededor de la mitad de inmigrantes y de las personas nacidas en los Estados Unidos pertenecen a la fuerza laboral, una porción apenas más elevada de hombres de origen extranjero y una cantidad apenas menor de mujeres de origen extranjero.

Los efectos de los trabajadores de origen extranjero en los mercados laborales estadounidenses son asuntos muy debatidos. La teoría económica predice que agregar trabajadores extranjeros a la fuerza laboral aumentaría el rendimiento de la economía y reduciría los salarios, o reduciría el índice de aumento en los salarios. Esta teoría fue confirmada por un estudio del Consejo Nacional de Investigaciones (National Research Council) que estimó que la inmigración elevó el Producto Bruto Interno (Gross Domestic product, GDP) de Estados Unidos, el valor de todas las mercaderías y servicios producidos, un diez por ciento de 1 por ciento en 2010, aumentando el PBI de ese año de $15 mil millones que era de $15 billones en 2010. Los salarios promedio en los Estados Unidos disminuyeron 3 por ciento a raíz de la inmigración.

No obstante, la comparación de las ciudades con proporciones variantes de inmigrantes no ha producido una evidencia de reducción del salario relacionada con la inmigración. Por ejemplo, en 1980, más de 125 mil cubanos salieron para los Estados Unidos por el puerto Mariel. Muchos se establecieron en Miami, aumentando la fuerza laboral en un 8 por ciento, pero la tasa de desempleo de los afroamericanos en Miami en 1981 fue menor que en las ciudades como Atlanta, que no recibía inmigrantes cubanos. Un motivo puede ser que los trabajadores de origen estadounidense que competían con los Marielitos se fueron de Miami, o no se mudaron a vivir allí.

Debido a una inmigración interna, la mayoría de los economistas buscaron el impacto de los inmigrantes a lo largo del mercado laboral estadounidense en lugar de hacerlo en cada ciudad en particular. Los inmigrantes y los trabajadores de origen estadounidense se agrupan a menudo según edad y educación para determinar, por ejemplo, cómo los inmigrantes de entre 20 y 25 años con no más que un título de educación secundaria, afectan a trabajadores similares de origen estadounidense. El economista George Borjas asumió que los trabajadores de origen estadounidense y aquellos de origen extranjero de la misma edad y con el mismo nivel de educación son reemplazables, lo que quiere decir que un empleador tiene en cuenta tanto los trabajadores de origen extranjero como los de origen estadounidense ya que se pueden intercambiar. Sin embargo, si ambos trabajadores se complementan, es decir que un carpintero de 30 años de origen estadounidense con un nivel de secundaria es más productivo porque tiene un ayudante de origen extranjero, los inmigrantes pueden incrementar los salarios de trabajadores de origen estadounidense similares. El impacto calculado de los inmigrantes depende en gran medida de las suposiciones, y los estudios económicos no han arribado a conclusiones definitivas aún.

Los inmigrantes no sólo trabajan; además pagan impuestos y consumen servicios que incluyen impuestos. Casi la mitad de los 12 millones de trabajadores estadounidenses sin un título secundario son inmigrantes, y la mayoría tienen bajos ingresos. La mayoría de los impuestos de las personas con bajos ingresos se destinan al Seguro Social y a los impuestos de Medicare, pero la mayor parte de los servicios que incluyen impuestos utilizados por los inmigrantes son la educación y otros servicios brindados por los gobiernos estatales y locales.

Por este motivo, algunos gobiernos locales y estatales llaman a la inmigración un mandato federal sin fondos asignados e intentan recuperar del gobierno federal el costo de proveer servicios a los inmigrantes.

Un resumen de las investigaciones de las Academias Nacionales de Ciencias, Ingeniería y Medicina encontró que los inmigrantes se integran en la sociedad de Estados Unidos tan bien como siempre. El grueso de la evidencia muestra que tienen un efecto muy positivo en el PIB del país, al tiempo que tienen muy poco peso en los salarios en general. El aumento de inmigrantes asiáticos aportará un número gigantesco de personas muy capacitadas, que terminan con un grado de estudios muy superior al promedio estadounidense, así como de productividad e ingresos.

Entonces, ¿por qué el mensaje de Trump está convenciendo? Bueno, el crecimiento económico ha sido lento y los salarios se han estancado (básicamente porque la tecnología está desplazando a los trabajadores). El gobierno es disfuncional y la cuestión de la inmigración se ha convertido en el símbolo de las élites desconectadas con la corriente convencional.

Dos sucesos ayudaron a Trump en el debate por un alto a la inmigración. La reciente recesión (2007- 2008), la peor desde la Gran Depresión, exacerbó el desempleo y redujo la cantidad de extranjeros indocumentados que ingresan al país. No obstante, la mayor parte de los extranjeros indocumentados no regresaron a su país aún si habían perdido su empleo, dado que el trabajo también escaseaba en sus países. La recesión dio como resultado una pérdida de 8 millones de puestos de trabajo; el empleo normal disminuyó de 146 millones en 2007 a 138 millones para fines de 2009. Hubo además un aumento en la implementación de las leyes de inmigración, especialmente después de que el Senado de los Estados Unidos se negara a aprobar un proyecto de ley de reforma en 2007, que incluía la propuesta que solicitaba a los empleadores que despidieran a aquellos empleados cuyos nombres e información sobre el seguro social no coincidan. Los expertos concuerdan en que la cantidad de extranjeros indocumentados disminuyó entre 2008 y 2009 por primera vez en dos décadas, pero disienten sobre el motivo por el cuál decayó. Algunos estudios hacen hincapié en la recesión, sugiriendo que la cantidad de extranjeros indocumentados aumentará nuevamente con la recuperación económica y el crecimiento de puestos laborales. Otros resaltan los efectos de los esfuerzos de implementar las leyes estatales y federales para evitar dar empleo a los trabajadores indocumentados en los Estados Unidos.

Pero, más que nada, la posición de Trump es el choque de dos tendencias: el envejecimiento del Partido Republicano y el aumento del mestizaje en Estados Unidos. La base republicana en las primarias está cada vez más formada por gente de mayor edad, que tiene opiniones sobre la inmigración muy negativas. En segundo lugar, para 2044 Estados Unidos será un país en el que predominarán las minorías. Será un país muy diferente del que conocieron quienes crecieron en los años sesenta. Es una transformación histórica que, sin duda, suscitará preocupaciones legítimas.

Pero para los republicanos, la mejor forma de abordar esas preocupaciones no es levantar muros y tratar a los inmigrantes como invasores extranjeros sospechosos. Es trabajar en el sistema de inmigración legal: ampliarlo y modernizarlo de tal manera que la mayoría de la gente pueda entrar en el país como se debe, de una manera en que pueda ser examinada.

Admitir más inmigrantes capacitados y menos trabajadores no calificados. Eso sería una gigantesca bendición para la economía en general. Haría que las políticas de inmigración de Estados Unidos estuvieran menos dirigidas a servir a las élites, como están ahora que les dan una amplia reserva de niñeras y manicuristas. Reducir la oferta de inmigrantes no calificados podría ayudar en algo a elevar los salarios de los estadounidenses no calificados y apaciguaría sus legítimas preocupaciones.

El Partido Republicano de Donald Trump es un partido con la mira puesta en el pasado de unos Estados Unidos que jamás va a regresar. El Partido Republicano de Ronald Reagan, y quizá el mismo partido en el futuro, arreglará el sistema de inmigración y atraerá a la gente que hará que este país vuelva a ser innovador, dinámico e interesante en los años por venir. Veamos un poco de lo que ocurre en México y las cifras de hispanos y mexicanos en Estados Unidos.

4 EL PRESENTE

Entre las implicaciones de las dinámicas globales actuales no sólo se encuentra el incremento de los movimientos migratorios por fuera de las fronteras nacionales (Castles and Davidson 2001), sino también una diversificación de los modelos migratorios, el trazado de destinos alternos a los patrones tradicionales, así como un aumento en la complicidad de su composición (Mezzadra 2001). Diversos estudios se ha encargado de demostrar el cómo la migración no es un fenómeno social nuevo, sino más bien se ha ido desarrollando a través de una serie de procesos sociales e intereses tanto económicos como geopolíticos, en contextos históricos específicos (Castles and Miller 1993, Sassen 2000). Así, la Globalización -entendiéndola más allá del orden puramente económico sino también geopolítico, tecnológico e informativo- (ver Castells 2000), ha impactado de diferentes formas a los movimientos migratorios actuales, así como a las maneras en que sus actore(a)s sociales participan en ella.

A menudo los factores para el movimiento geográfico de las personas son simplificados en los discursos dominantes sobre migración y migrantes a económicos. Desde una perspectiva economicista, la migración es vista como una consecuencia lógica del movimiento del capital en la Globalización y migrantes como personas quienes son motivados y/o expulsados como resultado de condiciones económicas (Moulier 2001). Además, estos factores económicos que impulsan a la migración suelen ser re/presentados desde un ángulo unilateral, y preescritos en un marco de conflictos de naturaleza local. Migración se analiza entonces como consecuencia de crisis económicas, desempleo y sobrepoblación, en un contexto de administración ineficaz e inadecuada impartición de justicia que aquejan a la mayoría de los países del "Tercer mundo" o "en vías de desarrollo" ubicados mayoritariamente en Latinoamérica, Asia o África. Factores que además son expuestos como independientes y no como un resultado de las dinámicas del orden estructural en un hemisferio globalizado.

Diversos análisis han cuestionado esta tradición economicista en la investigación (Sassen 2000, Mezzadra 2001, Moulier 2001) por reducir este complejo proceso social a un análisis focalizado y limitado. Reducción que entre otros aspectos conduce a la asociación de los procesos de migración actuales casi como sinónimo de migración laboral, y a migrantes como migrantes económicos. Por ejemplo, como respuesta a esta reducción analítica se han expuesto estudios sobre redes sociales de migrantes, a partir de las cuales se comprueba que no sólo factores de atracción económica mueven a los y las migrantes hacía los países receptores, sino también la permanencia y recreación de redes sociales de éstos y éstas con sus lugares de origen, como resultado de procesos históricos y sociales de la propia migración. Desde esta aproximación analítica, se cuestiona también el análisis dual de la migración internacional como expulsión/atracción, origen/destino, con un visión lineal de cambio que impide observar la diversificación de los procesos migratorios así como la multiplicidad de experiencias - individuales y colectivas- de sus actore(a)s sociales.

Además, de que invisibiliza la dimensión social y subjetiva que se involucran en los procesos sociales migratorios, como por ejemplo las redes sociales transnacionales, circuitos, organizaciones, y agentes migrantes como estructuradore(a)s del orden social. Actualmente los movimientos transnacionales en épocas de Globalización, son caracterizados por el incremento en la participación de personas, en las formas y tipos de su migración, así como en las direcciones que toman para su movilidad espacial. Las migraciones pueden ser; transnacionales y transcontinentales, temporales o permanentes, y voluntarias o forzadas. En el caso de la migración voluntaria: migraciones laborales; de expertos cualificados hipermóviles y mano de obra, por reunificación familiar, redes sociales migratorias, migraciones con carácter intelectual, y también la búsqueda de nuevas experiencias, cambios de vida y/o conocimiento de otras culturas. Para el caso de la migración forzada; refugiado(a)s y personas en busca o proceso de asilo.

A pesar de que desde una perspectiva transnacional se ha tratado de dar cuenta de la complejidad de las dimensiones que se involucran en el marco de la migración internacional actual, la participación de las mujeres -en dónde incluso se habla de una Feminización de la migración-, así como la herramienta del género como instrumento analítico, todavía no han sido suficientemente incorporadas.

Representando aún un hueco en la investigación y en la mayoría de teorías de migración, como se firma desde la teoría de migración específica de género   (Prodolliet 1999, Aufhauser 2000, Ariza 2000, Gutiérrez 1999).

La simplificación de la migración a factores económicos o a modelos lineales de expulsión/atracción, conlleva a una incapacidad analítica para vincular adecuada otra gama de factores intervinientes.

Como ya lo habíamos señalado, Estados Unidos ha ido endureciendo cada vez más las medidas contra los indocumentados. El fenómeno de "militarización de la controlar a la migración mexicana, centro y sudamericana, además de musulmanes y la intención de enlazar todos los operativos fronterizos en uno solo: Guardián, Interferencia, Río Grande, etcétera. Para el 2004 la patrulla fronteriza contaba con más de 17 mil para resguardar la zona, apoyados por vehículos de rayos infrarrojos, sensores de movimiento, cámaras y bardas instaladas en la línea internacional entre las ciudades fronterizas. Ya para el año 2003, se contemplaba la necesidad de duplicar el presupuesto dedicado para combatir la migración indocumentada.

El presupuesto asignado a estas tareas es el más alto de la historia, y para 2018 se espera un aumento de 50% pues, según Trump considera que la seguridad fronteriza es una prioridad en la lucha contra el terrorismo, y por lo mismo necesita mucho dinero. Unos 18 mil millones de dólares para el próximo año. (Nájar, 2003).

Hasta hace unos cuantos años, Tijuana (Baja California Norte, México) y San Ysidro-San Diego (California, Estados Unidos), constituían "el paso fronterizo más cruzado del mundo" (Villoro, 2000) pero a pesar de las fuertes medidas implementadas como parte de las políticas antimigratorias, estas no han logrado detener la migración hacia Estados Unidos, lo que ha cambiado es la distinta orientación hacia los cruces fronterizos que han realizado los aunque los sitios sean cada vez más peligrosos e inhóspitos. La Barda que comienza en el Océano Pacífico, es un ejemplo palpable de las intenciones del cierre total de la frontera por parte de los Estados Unidos pero existen otras a lo largo de la zona como son: los radares, sensores de movimiento, cámaras permanentes que se manejan a control remoto y demás equipo sofisticado producto de las últimas guerras que ha sostenido Estados Unidos.

En los últimos años el fenómeno migratorio ha estado pasando por una situación muy especial con respecto al incremento de la violación de los derechos humanos de los trabajadores migratorios.

La migración indocumentada representa un serio problema para las personas que viven la violación de sus derechos. Para las personas que contratan a esta mano de obra barata, resulta atractivo hacerlo en condiciones de clandestinidad; así como también para el gobierno, del territorio en el que viven los migrantes, que no genera los empleos suficientes para retener a esa población migrante. ¿Qué tan importante es para cada gobierno contener el flujo de migrantes indocumentados cuando las remesas por concepto de lo que envían a su país son tan considerables pese a la explotación de la que son objeto como mano de obra barata, intensiva y clandestina que no recibe seguro social, antigüedad ni prestaciones? Por ejemplo, en El Salvador en el 2004, de aproximadamente seis millones de personas que habitaban el país, un millón fue a Estados Unidos y 1,200 millones de dólares entraron a El Salvador.

Para el año 2000, los ingresos en el mundo por remesas al año fueron de 10.9 dólares per cápita, para México constituyeron 69.3 dólares por habitante equivalente al 4.8% por ciento de las exportaciones frente a el promedio mundial que fue de desarrollados mandaron a sus países de origen 88 mil millones de dólares. Para el año 2000 las remesas de los emigrados mexicanos sumaron 6.5 millones de dólares, en 2003 la cifra se duplicó: 13, 260 millones de dólares lo cual equivale al 79% de las exportaciones de petróleo y al 2.2% del Producto Interno Bruto. Según CONAPO para el año 2004, el 70% de las remesas llegaban a Guanajuato, Michoacán, Jalisco y Estado de México. Michoacán fue el estado que recibió la mayor cantidad de remesas en el primer semestre de 2003, 802 millones de dólares, mientras que Hidalgo que fue el décimo, recibió 231 millones.

A pesar de que las dificultades cada vez son mayores para el cruce de indocumentados, la organización de polleros permanecerá dentro de una cadena migratoria perfectamente organizada mientras las necesidades económicas de los migrantes lo demanden y las remesas sigan siendo una de las principales fuentes de crecimiento económico para México. Por lo anterior, es prioritario que el gobierno mexicano se centre en el desarrollo de políticas que fomenten el empleo y el desarrollo industrial para evitar la salida de millones de mexicanos a los Estados

Unidos en búsqueda de mejores condiciones de vida y que se enfrentarán a serios y peligrosos obstáculos.

Si bien ya señalábamos que la migración femenina cada vez es mayor, debemos tomar en cuenta a las mujeres que permanecen en sus lugares de origen ya que ella son quienes reciben las remesas y las administran. Con base en lo anterior, es importante que el gobierno mexicano genere los mecanismos suficientes para que las remesas se vuelvan productivas, ya que el 80% de ellas son destinadas para la alimentación de la gente que las recibe (Aragonés, 2005), sin dejar de tomar en cuenta a las mujeres como protagonistas sociales fundamentales en la cadena migratoria en lo que respecta a las divisas. Como parte del flujo migratorio son casi siempre las mujeres las que permanecen en sus comunidades y reciben de sus esposos o hij@s dichas remesas, convirtiéndose en un factor fundamental para orientar los ingresos no solo a la nutrición sino también a la educación, la salud y proyectos productivos en coordinación con el apoyo estatal. A menudo, las remesas son recibidas por las esposas, madres o suegras que se convierten en las receptoras y administradoras de los recursos, convirtiendo a esta población: al interior de las unidades domésticas en mujeres con posibilidad de ejercer autoridad y al exterior, en sujeto clave para el desarrollo y la reproducción económica de las sociedades rurales.

La población de origen mexicano en Estados Unidos cada vez es mayor, uno de los principales condicionantes es la migración, y esto preocupa profundamente al Estado en lo que respecta a los factores de identidad nacional frente al imaginario social dominante del WASP. De la población que vive en Estados Unidos, 21 millones de personas son de origen mexicano (8% del total), 8.5 millones de nacieron en México y el 35.2% son indocumentadas. La migración cada vez se incrementa más y se concentra en ciertos estados como es recientemente, el caso de Arizona y desde tiempo atrás el de California con casos como el de la ciudad de Los Ángeles, que después de la ciudad de México, ocupa el segundo lugar mexicanos en el mundo.

No es casual que el mayor número de consulados mexicanos en el mundo (cuarenta y seis), estén asentados en los Estados Unidos de América de ahí la importancia de que exista a la par de la generación de empleos en México, un programa migratorio con Estados Unidos capaz de resolver la problemática que generaun flujo tan grande y constante de indocumentados.

Durante 2014 y 2015 el ingreso de México por remesas registró un repunte significativo, con incrementos respectivos de 6 y 4.8%. Ello ocurrió luego de varios años en que habían mostrado debilidad, acompañada de altibajos. A pesar de esa mejoría al cierre de 2015 dicho ingreso del exterior todavía se mantuvo por debajo del pico alcanzado en 2007 de 26 mil millones de dólares.

El comportamiento positivo de las remesas provenientes del exterior en 2014 y 2015 respondió principalmente a dos factores vinculados. Por un lado, en esos dos años en Estados Unidos (país de donde provino en 2015 el 95.8% del ingreso de México por remesas) el empleo, las remuneraciones medias y consecuentemente la masa salarial de los trabajadores inmigrantes de origen mexicano registraron un avance significativo que propició el mayor flujo por remesas para nuestro país. Por otro lado, en 2013 y 2014 de nuevo se observó un flujo migratorio mexicano positivo hacia Estados Unidos. En general, el ingreso por remesas de los países receptores tiende a nutrirse de mayores flujos migratorios al exterior. El avance del empleo en Estados Unidos de los trabajadores mexicanos inmigrantes resultó en 2014 y 2015 de 277 mil y 403 mil personas, respectivamente. Asimismo, abarcó tanto a los trabajadores de género masculino como femenino y fue más vigoroso en las ocupaciones de tiempo completo que en las de tiempo parcial. Ese aumento del empleo propició que se redujera la tasa de desempleo de los trabajadores mexicanos inmigrantes y que se ubicara en 2015 muy cercana a la observada en el conjunto de la fuerza de trabajo de ese país La mejoría en la composición de los empleos de los mexicanos inmigrantes hacia una mayor participación de los de tiempo completo propició que aumentara la remuneración media de dichos trabajadores. Ello como reflejo de que las remuneraciones medias en ocupaciones de tiempo completo prácticamente duplican a las observadas en los empleos de tiempo parcial

No obstante el escenario positivo descrito anteriormente, en los últimos meses de 2015 el dinamismo del empleo de los trabajadores mexicanos inmigrantes se atenuó de manera significativa, lo que a su vez, podría conducir a una desaceleración del ingreso de México por remesas en los primeros meses de 2016.

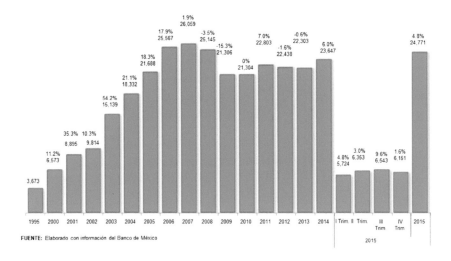

México: Evolución del Ingreso por Remesas Familiares
Millones de dólares y variaciones porcentuales anuales

FUENTE: Elaborado con información del Banco de México

Podemos ver que las remesas son una expresión del vínculo entre las colectividades de emigrados y sus comunidades de origen, y son un medio para el desarrollo, ya que las mismas ofrecen una importante fuente de recursos de capital tanto para los gobiernos como para las familias, por su impacto en el mantenimiento de los niveles de bienestar de los hogares receptores.

La magnitud de las remesas para el país es tal, que el BID y el Banco de México estiman que en diez años (2026) México recibirá alrededor de 30 mil millones de dólares anuales en remesas de emigrantes. La magnitud de las remesas de los inmigrantes tiene un impacto significativo por sus efectos en el sector externo y fiscal de la economía nacional así como para las economías familiares. En México el 75 por ciento de las remesas se concentra en 100 municipios, destacando en importancia los estados de Guanajuato, Jalisco, Zacatecas y Michoacán. En muchos de estos municipios, la actividad económica gira en torno al efecto multiplicador vía consumo de estas remesas. Durante 2014 el ingreso de México por remesas familiares registró un crecimiento muy significativo de 6%. Asimismo, en 2015 su incremento anual también fue elevado, de 4.8%, con aumentos respectivos de 4.8, 3.0, 9.6 y 1.6% en los trimestres primero, segundo, tercero y cuarto.

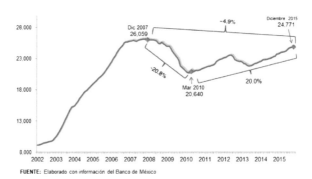

Ingresos por Remesas Familiares, 2002-2015
Millones de dólares en periodos de doce meses

FUENTE: Elaborado con información del Banco de México

No obstante el repunte que registró el ingreso de México por remesas en 2014 y 2015, al cierre del segundo año, dicho ingreso todavía se ubicó 4.9% por debajo de su máximo registrado en diciembre de 2007.

Para el año de 2017 se calcula que los ingresos por remesas serán la primera fuente de ingresos externos superando a los ingresos por venta de petróleo y de tuismo.

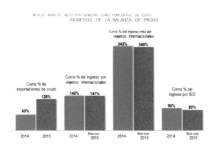

El monto de las remesas familiares que recibe México y el ingreso neto por remesas (deduciendo las remesas al exterior) son elevados al compararlos con otros renglones de ingreso de la balanza de pagos. En 2015 el ingreso neto por remesas fue equivalente al 128% del valor de las exportaciones de petróleo crudo. Asimismo, en el periodo enero-noviembre de ese año fue equivalente al 141% del ingreso por viajeros internacionales (turismo, transacciones fronterizas o excursionistas y cruceros), así como al 340% del ingreso neto por viajeros internacionales.

También, en el periodo enero-septiembre de ese año el ingreso neto por remesas fue equivalente al 83% de la entrada de recursos al país por inversión extranjera directa.

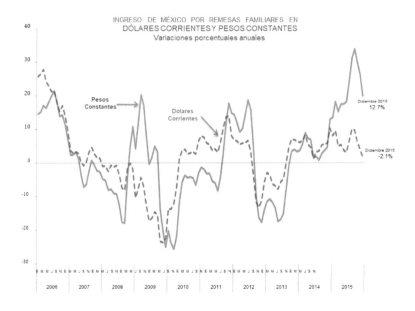

INGRESO DE MÉXICO POR REMESAS FAMILIARES EN
DÓLARES CORRIENTES Y PESOS CONSTANTES
Variaciones porcentuales anuales

La importancia de las remesas, continuará creciendo. Sin embargo, el impacto benéfico de las remesas en el desarrollo y crecimiento de los municipios no alcanza todo su potencial por las ineficiencias del mercado de las remesas, la falta de información, y un desarrollo escaso de los mecanismos financieros, lo que refuerza el interés y la oportunidad de estudiar mecanismos que contribuyan a que el mercado de remesas sea más profundo, transparente y eficiente.

Las remesas y ahorros de los migrantes son factores estabilizadores de las economías de origen, por lo que urge promover proyectos de desarrollo local y regional. Si dentro de dichos proyectos, los organismos internacionales como la CEPAL, el BID y el Banco Mundial, junto con los gobiernos de las regiones expulsoras de emigrantes están dispuestos a apoyar las iniciativas de las comunidades de origen y de la Comunidad Binacional de Migrantes, se logrará un avance significativo para enfrentar de forma común a los problemas de la pobreza y marginación.

El crecimiento anual que en 2015 registró el ingreso de México por remesas familiares resultó muy elevado en pesos constantes, es decir, medido por el poder de compra para los hogares receptores. Así, en2015 en su conjunto el incremento de ese ingreso fue de 4.8% medido en dólares, pero resultó de 21.8% en pesos constantes. Tal diferencia se originó por una depreciación en ese periodo del tipo de cambio del peso mexicano que no se transmitió a los precios al consumidor en México. De hecho, en diciembre de 2015 el ingreso por remesas medido en dólares cayó en su comparación anual en 2.1%, pero en pesos constantes se incrementó en 12.7%.

Las remesas constituyen una persistente y permanente inyección de ingresos a escala nacional y regional. Diversas iniciativas de política pública de los tres niveles de gobierno han intentado alentar el uso productivo de las remesas en las regiones tradicionales de origen de la migración.

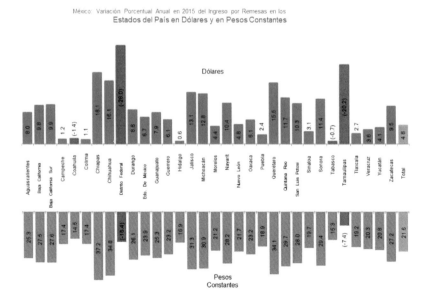

México: Variación Porcentual Anual en 2015 del Ingreso por Remesas en los Estados del País en Dólares y en Pesos Constantes

Sin embargo, se sabe que la capacidad de ahorro de los hogares y la potencial transformación de estos recursos en inversiones productivas depende no sólo del monto global de las remesas familiares, sino también del uso que los hogares le dan a estos recursos, lo que a su vez se relaciona con algunas características de las familias, incluida su composición, ciclo de vida y necesidades básicas insatisfechas. De tal forma que el conocimiento tanto de las particularidades de los hogares receptores de remesas, como del contexto social económico en que se desenvuelven, es indispensable para definir estrategias dirigidas al aprovechamiento productivo de este flujo de recursos.

Como se ha mostrado en múltiples estudios, las remesas se destinan a la satisfacción de necesidades básicas y la adquisición de bienes de consumo duradero, así como a la compra y mejoramiento de vivienda, sólo una pequeña proporción es ahorrada por los hogares. Adicionalmente, los datos disponibles revelan que las remesas representan en los hogares receptores poco menos del 40% del monto global de ingreso corriente total. Ello sugiere que las remesas son parte constitutiva del ingreso corriente monetario de un número considerable de hogares. De hecho, las remesas representan casi la mitad de ese ingreso, el cual les permite a sus integrantes acceder al mercado de bienes y servicios para satisfacer sus necesidades.

Los hogares mexicanos que reciben las remesas son un conjunto heterogéneo: hogares en plena etapa de formación o expansión familiar; hogares donde los hijos ya tienen edad para iniciar su carrera migratoria y apoyar la economía familiar; hogares en etapa avanzada del ciclo de vida que se benefician de los ingresos de los hijos ya establecidos en Estados Unidos; y hogares en cualquier etapa del ciclo de vida que mantienen estrechos lazos con los emigrantes al otro lado de la frontera. En 2015 el ingreso por remesas familiares medido en dólares corrientes mostró aumentos anuales en 28 de las 32 entidades federativas del país, pero esa mejoría fue mucho más significativa en pesos constantes, es decir, medida en el poder de compra de ese ingreso en los hogares receptores. De hecho en 15 estados el incremento de las remesas medido en pesos constantes superó a 25 por ciento.

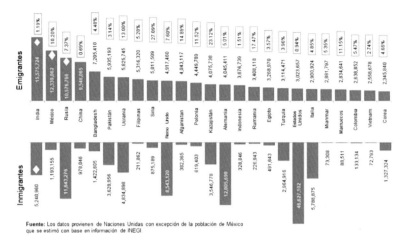

25 PAÍSES CON MAYOR NÚMERO DE EMIGRANTES, SU INMIGRACIÓN Y EL COCIENTE DE EMIGRANTES A
POBLACIÓN DEL PAÍS EN 2015
Número de personas y por cientos

Fuente: Los datos provienen de Naciones Unidas con excepción de la población de México que se estimó con base en información de INEGI.

México es el segundo país exportador de recursos humanos en el mundo, pero es el principal exportador neto. La emigración mexicana supera a la de países con poblaciones más elevadas y en 2015 el 97.7% de los migrantes mexicanos se ubicó en Estados Unidos, de ahí que casi la totalidad de las remesas provengan de ese país. El principal destino de los migrantes de México es Estados Unidos, seguido por Canadá.

De acuerdo con estadísticas de Naciones Unidas, en 2015 Estados Unidos representó el destino del 97.7% de la migración mexicana, así como el origen de un porcentaje muy elevado del ingreso de México por remesas (95.6% en 2015). Asimismo, ese país constituyó el destino del 98.0% de la migración mexicana masculina y del 97.3 de la femenina.

Durante el periodo 2007-2012 no se observó un flujo migratorio neto positivo de México hacia Estados Unidos. Ahora bien, en 2013 y 2014 ya se presentó un flujo migratorio mexicano positivo hacia ese país. No obstante, en 2014 el número total de inmigrantes mexicanos en Estados Unidos fue ligeramente menor que el registrado en 2007.

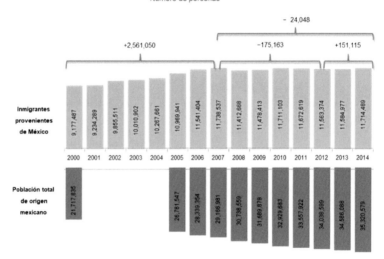

EVOLUCIÓN EN ESTADOS UNIDOS DE LA POBLACIÓN DE ORIGEN MEXICANO,
NATIVOS E INMIGRANTES
Número de personas

En esta gráfica vemos que los años de la gran crísis inicia el retorno de los mexicanos de Estados Unidos y el total de mexicanos allá empiea a descender.

Considerando el número de migrantes y los niveles de remesas, para revertir la espiral degradante de desarrollo desigual, migración forzada y dependencia de remesas es necesario impulsar un desarrollo alternativo que genere cambios estructurales, institucionales y políticos para mejorar sustancialmente las condiciones de vida y trabajo de la mayoría de la población asentada en zonas de alta expulsión. El impulso al desarrollo alternativo plantea la necesidad de incidir con proyectos productivos y eliminarla visión paternalista en el tratamiento de los problemas de pobreza y marginación.

Debemos considerar que la democracia electoral, la libertad de mercado y el crecimiento económico, imponen un sistema de acumulación y de poder que destruyen las bases materiales y subjetivas para la reproducción de la vida humana en las zonas marginadas. Un verdadero proyecto de transformación social que haga partícipe a los sectores sociales migrantes y no migrantes no sólo está llamado a contener la caudalosa migración forzada sino también a revertir los procesos de degradación social

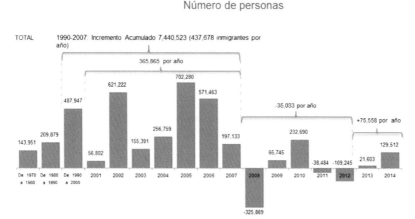

FLUJO PROMEDIO ANUAL DE MEXICANOS INMIGRANTES HACIA ESTADOS UNIDOS
Número de personas

* Fuente: Datos censales y American Community Survey, de la Oficina de Censos de Estados Unidos (U.S. Census Bureau).

La información censal de Estados Unidos y de la encuesta American Community Survey muestran que el flujo migratorio mexicano fue muy intenso de 1990 a 2007, periodo en el que 7,440,523 mexicanos emigraron a Estados Unidos (438 mil mexicanos en promedio cada año). No obstante, en el periodo 2008-2012 se frenó bruscamente y, en promedio, fue negativo, para luego en 2013 y 2014 resultar positivo.

Así, predominan en la mayoría de estudios de migración imágenes de mujeres sólo como sujetas pasivas, amantes de su entorno, sin toma de decisiones y acompañantes, del verdadero sujeto de estudio: el actor

FLUJO PROMEDIO ANUAL DE MEXICANOS HACIA
ESTADOS UNIDOS SEGÚN GÉNERO
Número de personas

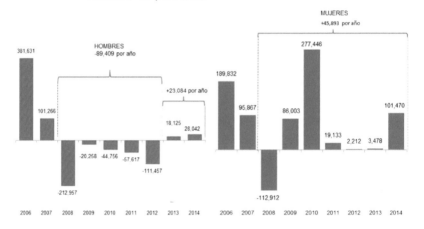

*Fuente. Datos censales y American Community Survey de la Oficina de Censos de Estados Unidos (U.S. Census Bureau).

migrante masculino. (Prodolliet 1999, Ariza 2000, Schöttes/Treibel 1997). Además, principalmente investigadoras migrantes critican el análisis que se realiza sobre mujeres migrantes provenientes del así llamado comunmente como mujeres migrantes del "Tercer mundo" son interpretadas bajo este paradigma como mujeres fuertemente apegadas a estructuras tradicionales de género, a sus familias y sociedades patriarcales, sin acceso al mercado de trabajo renumerado en sus lugares de origen, escenificadas en la figura de "la ama de casa".

La debilidad en los años recientes del flujo migratorio mexicano hacia Estados Unidos ha sido el resultado neto de un flujo negativo en el caso de los hombres y positivo en el de las mujeres

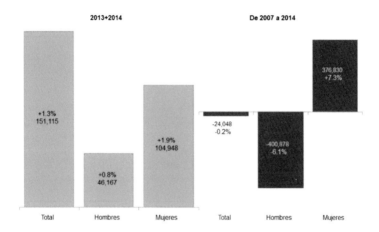

FLUJO MIGRATORIO MEXICANO HACIA ESTADOS UNIDOS
Variación del número de mexicanos inmigrantes según género

En 2013 y 2014 se observó un flujo migratorio mexicano positivo hacia Estados Unidos tanto de género masculino como femenino, luego de que en el periodo 2007-2012 había sido negativo. En el periodo 2007-2014 se redujo en ese país el número total de inmigrantes mexicanos, pero ello fue resultado de una fuerte disminución del número de hombres y un aumento importante del de mujeres.

EVOLUCIÓN RECIENTE DEL EMPLEO Y MASA SALARIAL DE LOS
TRABAJADORES MEXICANOS INMIGRANTES EN ESTADOS UNIDOS

Estados Unidos Número de Trabajadores Mexicanos Inmigrantes Ocupados Según Género
Promedio móvil de 12 meses

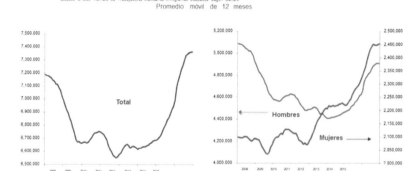

Fuente: Elaborada con Información de la Current Population Survey de la Oficina de Estadísticas Laborales de Estados Unidos (BLS. Bureau of Labor Statistics)

Durante la pasada crisis que afectó a la economía de Estados Unidos se presentó una fuerte disminución del nivel de empleo de los trabajadores mexicanos inmigrantes y un cambio en su composición al disminuir la participación de las ocupaciones de tiempo completo. Por su parte, la mejoría en 2014 y 2015 de las oportunidades de empleo para los trabajadores mexicanos fue muy significativa en las ocupaciones de tiempo completo e implicó que algunos de ellos que tenían empleos de tiempo parcial consiguieran ocupaciones de tiempo completo. Este cambio en la composición de los empleos propició un aumento en las remuneraciones medias del conjunto de trabajadores mexicanos inmigrantes y consecuentemente también de su masa salarial.

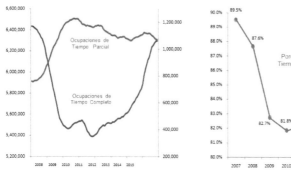

Estados Unidos: Número de Trabajadores
Mexicanos Inmigrantes en Ocupaciones de
Tiempo Completo y Tiempo Parcial
Promedio móvil de 12 meses

Estados Unidos: Porcentaje de Trabajadores
Mexicanos Inmigrantes en Ocupaciones de
Tiempo Completo

Fuente: Elaborada con información de la Current Population Survey de la Oficina de Estadísticas Laborales de Estados Unidos (BLS: Bureau of Labor Statistics).

El avance del empleo en Estados Unidos en 2014 y 2015 de los trabajadores mexicanos inmigrantes, aunado a la mejoría en la estructura de dichos empleos al aumentar la participación de los de tiempo completo, donde se obtienen mayores remuneraciones, propició incrementos de su masa salarial de 14 y 23 miles de millones de dólares, respectivamente. El aumento del ingreso de ese grupo migratorio en Estados Unidos es el factor que explica el repunte en esos dos años del ingreso de México por remesas familiares.

Nivel de Ocupación de los Trabajadores Mexicanos
Inmigrantes en Estados Unidos
Número de Trabajadores en el periodo anual Enero - Diciembre de 2015

	TOTAL	Hombres	Mujeres
TOTAL	7,362,536	4,908,465	2,454,071
Tiempo Completo	6,294,308	4,497,706	1,796,603
Tiempo Parcial	1,068,228	410,759	657,469
	Variación Absoluta Anual		
Total	402,944		
Tiempo Completo	440,688	267,822	135,122
Tiempo Parcial	-37,744	295,234	145,454
		-27,411	-10,333
	Variación Porcentual Anual		
Total	5.8%	5.8%	5.8%
Tiempo Completo	7.5%	7.0%	8.8%
Tiempo Parcial	-3.4%	-6.3%	-1.5%

Fuente: Elaborada con la información de la Current Population Survey de la Oficina de Estadísticas Laborales de Estados Unidos (BLS, Bureau of Labor Statistics)

16

En 2015 en Estado Unidos la masa salarial obtenida por los trabajadores mexicanos inmigrantes resultó de 225 mil millones de dólares. De ese ingreso, el 73.3% fue obtenido por hombres, el 92.6% se derivó de ocupaciones de tiempo completo y el 65.3% de ese ingreso total fue generado por trabajadores mexicanos que no contaban con ciudadanía, aunque la correspondiente cifra resultó de 68.6% en los hombres y de 56.2% en las mujeres. Esto último refleja que un mayor porcentaje de mujeres mexicanas cuentan con ciudadanía que en los hombres

Estados Unidos Tasa de Desempleo de Mexicanos Nativos e Inmigrantes
Por cientos y datos desestacionalizados

Fuente: Elaborada con Información de la Current Population Survey de la Oficina de Estadísticas Laborales de Estados Unidos (BLS: Bureau of Labor Statistics)

La mejoría en 2014 y 2015 del empleo en Estado Unidos de los trabajadores mexicanos inmigrantes se reflejó en una fuerte disminución de su tasa de desempleo. De hecho, al cierre de 2015 dicha tasa se ubicó en un nivel muy cercano al de la tasa del conjunto de la fuerza de trabajo de ese país.

Estados Unidos Tasa de Desempleo Total y de Inmigrantes Mexicanos
Por cientos y datos desestacionalizados

Fuente: Elaborada con Información de la Current Population Survey de la Oficina de Estadísticas Laborales de Estados Unidos (BLS; Bureau of Labor Statistics)

Fuente:

2003   2004   2005   2006   2007   2008   2009   2010   2011   2012   2013   2014   2015

Fuente: Elaborada con Información de la Current Population Survey de la Oficina de Estadísticas Laborales de Estados Unidos (BLS; Bureau of Labor Statistics)

La mejoría de la situación del mercado laboral en Estados Unidos propició una importante disminución de la tasa de desempleo de los trabajadores mexicanos tanto nativos como inmigrantes. Un resultado notable es que en ese país normalmente la tasa de desempleo de los trabajadores mexicanos inmigrantes se ubica por debajo de la de los nativos de origen mexicano.

Al cierre de 2015 en Estados Unidos la tasa de desempleo de los trabajadores mexicanos inmigrantes se ubicó prácticamente en el mismo nivel que la tasa de desempleo del total de trabajadores inmigrantes.

La migración forzada y la dependencia de las remesas están inmersas en procesos de degradación social en los lugares de origen. En los lugares y regiones donde tiene verificativo una mayor incidencia de la migración forzada, las condiciones materiales y subjetivas de vida y trabajo se han deteriorado drásticamente al grado que permean condiciones de insustentabilidad social: a) la insuficiencia de empleo asalariado y el deterioro de las actividades productivas enmarcadas en la economía de subsistencia cancelan la posibilidad de que local y regionalmente se garantice la subsistencia familiar. El desmantelamiento progresivo del aparato productivo local se complementa con la ausencia de una gestión pública del desarrollo regional; b) la cancelación de condiciones mínimas para la subsistencia y la ruptura de expectativas de vida digna dan al traste con procesos de socialización local, pese a que intentan ser recubiertas con una <<cultura de la migración>>. Además se manifiestan rasgos de diferenciación social, ruptura del tejido social, entre otros procesos. Pero el aspecto más sintomático es la generación de esa masa de sobrepoblación que se ve orillada a buscar su manutención en la informalidad y la migración, sino es que en actividades ilícitas, como el crimen organizado; c) el deterioro del entorno ecológico está asociado a la degradación socioeconómica y a la dilapidación de recursos naturales, ya sea como medio de sobrevivencia o como mecanismo de capitales voraces; y d) la migración se decanta en severos procesos de despoblamiento, el derroche del llamado bono demográfico y la pérdida de fuerza laboral necesaria para activar procesos locales y regionales de desarrollo. Debido a que las condiciones de subdesarrollo se profundizan, al seno de la población excluida se prohíja nueva fuerza de trabajo migrante. Las remesas salariales terminan, no por formar <<capital humano>>, sino migrantes potenciales.

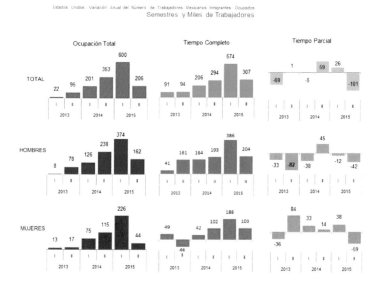

Estados Unidos. Variación Anual del Número de Trabajadores Mexicanos Inmigrantes Ocupados
Semestres y Miles de Trabajadores

Durante 2015 el nivel de empleo en Estados Unidos de los trabajadores mexicanos inmigrantes ya superó al registrado en 2007, año en que se observó el nivel histórico más alto del ingreso de México por remesas. No obstante, el nivel de empleo de los inmigrantes de género masculino todavía permaneció por debajo del registrado en 2007, mientras que el de las mujeres presentó un repunte significativo. Por su parte, en 2015 la masa salarial en ese país medida en términos reales de los trabajadores mexicanos inmigrantes fue ligeramente menor que la observada en 2007.

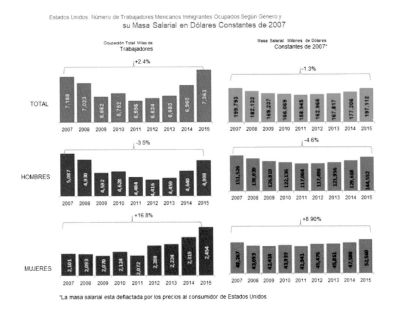

Estados Unidos: Número de Trabajadores Mexicanos Inmigrantes Ocupados Según Género y su Masa Salarial en Dólares Constantes de 2007

*La masa salarial esta deflactada por los precios al consumidor de Estados Unidos.

LOS MITOS DE LA MIGRACIÓN, REMESAS Y DESARROLLO*

- Texto de Humberto Márquez Covarrubias

La perspectiva dominante sobre migración y desarrollo, alentada por los organismos internacionales y gobiernos afines, prohíja una mitología que encierra verdades a medias y falacias, que encubren verdaderas contradicciones y paradojas. Entre otros, podemos destacar los siguientes mitos que, vistos críticamente, entrañan paradojas sintomáticas:

- Primer mito: La migración constituye el rostro humano de la globalización donde todos ganan: migrantes y sus familias, países de origen y destino. Los defensores de la globalización neoliberal crean la imagen de que con el ascenso de los flujos migratorios todos ganan: países de origen (al percibir remesas y evadir problemas como el desempleo estructural) y países de destino (al captar abundante fuerza de trabajo calificada y no calificada barata y desorganizada, sin erogar recursos para sus costos de formación), así como los migrantes (que encuentran empleo y una remuneración inasequibles en su lugar de origen) y sus familias (que reciben ingresos necesarios para la subsistencia). Pero ocultan el hecho de que la globalización neoliberal ha acrecentado las asimetrías entre regiones, países y localidades, y ha profundizado las desigualdades sociales al seno de prácticamente todos los países, a la vez que ha desmantelado las sociedades y economías de los países subdesarrollados y activado la migración forzada. Asimismo se ocultan los costos que representa la migración para los países de origen en términos de pérdida de fuerza de trabajo, deterioro de actividades productivas, transferencia de costos de formación, despoblamiento, desmembramiento de familias, abandono de infraestructura y fractura en procesos de sociabilidad.

• Segundo mito: La integración regional de libre mercado y las políticas de ajuste estructural consustanciales desembocan en una convergencia económica y disminuyen la migración. La configuración de bloques económicos regionales, basados en el <<libre comercio>>, crean la falsa imagen de una libre concurrencia donde los productores y capitales de países periféricos pueden beneficiarse al acceder a una masa inconmensurable de consumidores del mundo desarrollado. No obstante, se oculta el hecho de que en esos mares procelosos deambulan los grandes tiburones, los grandes capitales monopólicos y oligopólicos, que pronto se apropian de los sectores estratégicos y de recursos públicos y privados, naturales y humanos. En realidad, la integración neoliberal amplía las asimetrías y desigualdades sociales y actúa como motor propulsor de las migraciones de las periferias a los centros del sistema capitalista mundial.

• Tercer mito: La migración es un fenómeno que no se puede contener, sólo se puede administrar o gobernar. Los gobiernos de los países emisores enarbolan una explicación de las migraciones que los exime de cualquier responsabilidad política e institucional: en su desencadenamiento nada tiene que ver el modelo económico excluyente, la monopolización y extranjerización de sectores clave o el desmantelamiento del Estado social. La explicación se localiza en una reducción fenomenológica: se trata de una movilidad poblacional ancestral, que se remonta a la historia de los tiempos, una práctica consustancial a la humanidad, sin responsabilidades políticas e institucionales en el presente. No hay causas estructurales ni estratégicas, y las históricas se presentan como una expresión natural. No obstante, de manera subrepticia, estos gobiernos estimulan la migración para desentenderse de problemas como el desempleo estructural y los conflictos sociales, amén de que a la postre reporta dividendos, las remesas, que coadyuvan a mantener los frágiles equilibrios de la gobernabilidad neoliberal. Para los gobiernos, políticos y medios de comunicación de los países receptores, los migrantes representan seres indeseables que acarrean problemas y conflictos; no se repara en que contribuyen a la economía receptora. En tal sentido, los migrantes son considerados, por una parte, como héroes del desarrollo, y, por la otra, como criminales o bárbaros.

• Cuarto mito: La migración es un proceso cultural, una tradición de los pueblos, que se reproduce a sí misma. Esta feliz idea deposita en el individuo o la familia la decisión de emigrar, ya no por la imposibilidad de garantizar local o regionalmente la subsistencia, o por la aspiración de acceder a una vida mejor, imposible de alcanzar en esas demarcaciones, sino porque la migración recurrente, de tan contagiosa, se ha convertido en una cultura que se ha desprendido de sus causas primigenias y se ha consolidado como la causa primera y última de la movilización poblacional. Cualquier alusión a las relaciones de causalidades históricas, estructurales y coyuntura-les son vistas como deterministas y anacrónicas. El interés del individuo, la aspiración de acceder a los canales de movilidad de la modernización capitalista y el señuelo de la vida próspera del Primer Mundo son algunos ingredientes de esta subjetividad migratoria.

• Quinto mito: La migración es una estrategia de las familias e individuos para maximizar sus ingresos. En el plano de la subjetividad, la migración se concibe como una estrategia de individuos y familias para maximizar sus ingresos, para mejorar su condición de vida. Como si fuesen entidades empresariales, que toman informaciones racionales, las familias toman como referente inmediato la imagen del sueño capitalista de las economías centrales, que se presentan como la cristalización del desarrollo, como una tierra de oportunidades y una sociedad libertaria. Las remesas resultan ingresos privados o ganancias. Las causales estructurales resultan elementos secundarios. Las redes sociales son instancias subsidiarias de las familias y de las llamadas comunidades transnacionales, que orientan, informan y protegen los flujos migratorios.

• Sexto mito: Los migrantes son agentes del desarrollo y sus recursos, principalmente las remesas, la palanca. Ante la descomposición socioeconómica que trae consigo la neoliberalización, el Estado y los organismos internacionales pretenden achacar a los migrantes la responsabilidad de generar procesos de desarrollo, principalmente en sus lugares de origen, sin proponer cambios sustanciales en las dinámicas estructurales y en el entramado político e institucional, y no obstante la evidencia de que la mayoría de los migrantes pertenecen al sector laboral expuesto a las peores condiciones de precarización y explotación laboral. Esta proposición paradójicamente alienta la idea de que los migrantes, que se cuentan entre los trabajadores sometidos a las condiciones más ingentes de explotación y precarización laborales, son responsables de resarcir los efectos socioeconómicos más adversos provocados por la política neoliberal.

• Séptimo mito: Las <<buenas prácticas>> representan la mejor estrategia de migración y desarrollo. Las políticas públicas, descontextualizadas e inconexas, abaladas por los organismos internacionales, se postulan como herramientas suficientes para detonar procesos de desarrollo en zonas de alta migración, sin embargo no están acompañadas de una estrategia de diversificación de recursos públicos, privados y sociales, ni de políticas alternativas de desarrollo que se propongan revertir las causas profundas de la migración forzada.

CONTRASTE ENTRE LAS VISIONES DOMINANTE Y CRÍTICA

La visión dominante sobre migración y desarrollo es consustancial a la institucionalidad del capitalismo neoliberal. La migración se plantea como el rostro humano de la globalización neoliberal (OCDE, 2009), un camino para superar la pobreza de los excluidos (BM, 2008), una forma de realización de la libertad humana (PNUD, 2009) y una vía para detonar el desarrollo de los lugares de origen (BID, 2000). Bajo nociones normativas de desarrollo, se omiten proposiciones de cambio estructural, institucional y político. En cambio se asignan nuevas responsabilidad a los migrantes, de por sí sobreexplotados, para que se conviertan en agentes de desarrollo.

Las relaciones unidireccionales y ahistóricas de migración y desarrollo fetichizan las remesas, concebidas como dinero, recurso privado o capital, y considera a la migración como un fenómeno dado. El postulado oculto es responsabilizar a los migrantes de su propio desarrollo, en un escenario donde el Estado neoliberal abandona a su suerte a las regiones migratorias, a la sazón bancos de sobrepoblación. Paradójicamente, no hay evidencias en el mundo de que la migración produce el desarrollo de los lugares de origen, pero sí de que los migrantes contribuyen al desarrollo de los países de destino (Delgado, Márquez y Rodríguez, 2009).

Las migraciones no pueden estudiarse a profundidad si no se considera seriamente la problemática del desarrollo subyacente (contexto, procesos, agentes, conflictos y alternativas). Explicar las migraciones por sí mismas incurre en graves errores teóricos, epistemológicos y políticos. Puede contribuir a explicar trayectorias demográficas, laborales, etc., pero oscurece las causas, dinámicas, procesos, contradicciones y alternativas. Desde otra óptica, la visión crítica parte de plantear cambios estructurales, institucionales y estratégicos para revertir los mecanismos del desarrollo desigual, la crisis de las relaciones sociales, el medio ambiente y la producción de la vida humana, entre cuyas manifestaciones se encuentra la migración forzada.

5 BIBLIOGRAFÍA
PRIMERA PARTE: EL PASADO

Artículos

Salazar, Ana María. "Migración" en Seguridad nacional hoy: El reto de las democracias.

México, D. F.: Nuevo Siglo. 2002.

Woo, Ofelia. "Las migrantes mexicanas en el sector informal en Norteamérica." en
Humanismo: mujer, familia y sociedad. México, D. F. : VIII Simposium Internacional. 1996.

Woo, Ofelia. "Las mujeres mexicanas indocumentadas en la migración internacional y la movilidad
transfronteriza." en Mujeres, migración y maquila en la frontera norte.México, D. F. : El Colegio
de México : El Colegio de la Frontera Norte. 1995.

Artículos de Internet

Alba, Francisco. Integración Económica y política de la migración: un consenso de revisión.

www.conapo.gob.mx/publicaciones/Migracion%20%200p-Politica/PDF/02.pdf.
2004).

www.conapo.gob.mx/publicaciones/intensidadmig/cap04.pdf (Mayo

www.conapo.gob.mx/publicaciones/intensidadmig/cap01.pdf.(May

www.conapo.gob.mx/publicaciones/intensidadmig/cap02.pdf.(May

www.conapo.gob.mx/publicaciones/Boletines/PDF/bolet15.pdf.(Marzo 23,20

www.conapo.gob.mx/migracion_int/principal.html. (May

www.rnw.nl/informarn/html/act011203_migrantesmexic.html.(Marzo 29,20

www.conapo.gob.mx/migracion_int/principal.html. (May

www.conapo.gob.mx/publicaciones/1999/PDF/99004.pdf. (May

www.senado.gob.mx/content/sp/memoria/content/estatico/content/bole tines_18.

pdf. (Enero 10, 2005)

www.conapo.gob.mx/publicaciones/intensidadmig/cap03.pdf.(May

www.oecd.org/dataoecd/35/63/31724513.pdf.(Febr

Avila, José Luis; Carlos Fuentes &Rodolfo Tuirán. Mujeres mexicanas en la migración a Estados
Unidos.

www.conapo.gob.mx/publicaciones/migra3/08.pdf. (M

Baubock, Rainer. Towards a political theory of migrant transnationalism.
www.oegs.ac.at/files/baubock.IMR.doc. (May

Boyd, Mónica. Women and migration: incorporating gender into international migration theory.

www.migrationinformation.org. (Jun

Calvo, Fabiola. La migración femenina entre la necesidad y los derechos humanos.

www.cimacnoticias.com/noticias/02feb/s02022604.html. (Jun

Campione, Roger. Globalización y Migración: Retóricas contradictorias

.

www.uv.es/CEFD/7/campione.doc. (Mar

Canales I., Alejandro. Migración y trabajo en la era de la globalización: el caso de la migración México-Estados Unidos en la década de 1990.

http://papelesdepoblacion.uaemex.mx/rev33/home.html

Canales I., Alejandro & Christian Zlolniski. Comunidades transnacionales y migración en la era de la globalización.

www.eclac.cl/celade/proyectos/migracion/Canales.doc. (Feb

Castles, Stephen. Globalización y migración: algunas contradicciones urgentes.

www.unesco.org/issj/rics156/casttlesigcaspa.html. (Mar

Corona, Rodolfo & Rodolfo Tuirán. Fuentes mexicanas para el estudio de la migración

www.conapo.gob.mx/publicaciones/migra3/02.pdf. (May

Corona, Rodolfo & Rodolfo Tuirán. Medición directa e indirecta de la migración mexicana hacia Estados Unidos 1990-1995.

www.conapo.gob.mx/publicaciones/migra3/04.pdf. (M

Delgado Wise, Raúl & Oscar Mañán García. Migración e Integración México-Estados

asimétrica.
www.redcelsofurtado.edu.mx/archivos%20PDF/rio%20Delgado.pdf. (J

nuevas
www.comminit.com/la/lacth/sld-5311.html. (Feb

perspectivas

de

Durand, Jorge. Origen es destino: redes sociales, desarrollo histórico y escenarios
www.conapo.gob.mx/publicaciones/Migracion%20%200p-Politica/PDF/10-pdf.
(Mayo 04, 2004).

Falero, Alfredo. Migración laboral: un desafío para la sociedad civil.

www.cedep.ifch.ufrgs.br/Textos_Elet/pdf/arquivo_4.pdf. (Jun

Gambina, Julio. Los rumbos del capitalismo, la hegemonía de Estados Unidos y las
http://168.96.200.17/arlibros/cecena/gambina.pdf
2004).

Garduño, Everardo. Antropología de la frontera, la migración y los procesos
http://200.23.245.10/rfn/main.asp?id=3000&browser=1E5

(Febrero 24, 2004). Garza, Gustavo. Y la invasión dejo de ser silenciosa: el estado de la migración
www.ub.es/geocrit/b3w-50.htm.
(Febrero 26, 2004).

Gómez Arnau, Remedios & Paz Trigueros. Comunidades transnacionales e iniciativas para
fortalecer las relaciones con las comunidades mexicanas en los Estados Unidos.

www.conapo.gob.mx/publicaciones/Migracion%20%200p-Politica/PDF/11.pdf.(Mayo 04,

Ruiz, Olivia. La Migración en la globalización de la sociedad de www.sedos.org/spanish/ruiz.htm.(Feb

Santibáñez, Jorge. Características recientes de la migración mexicana a Estados Unidos. www.conapo.gob.mx/publicaciones/migra3/06.pdf.(May

Salgado de Snyder, Nelly. Motivaciones de la migración de mexicanos hacia Estados Unidos.

www.bibliojuridica.org/libros/1/357/8.pdf.(Mar

Tuirán, Rodolfo. Migración México-Estados Unidos: Hacia una nueva agenda bilateral

www.conapo.gob.mx/publicaciones/Migracion%20%200p-Politica/PDF/01.pdf.(May

Unger, Kurt & Gustavo Verduzco. El desarrollo de las regiones de origen de los migrantes: experiencias y perspectivas.

www.conapo.gob.mx/publicaciones/Migracion%20%200pPolitica/PDF/0 8.pdf.(Mayo 04,

Velasco Ortiz, Laura. Identidad cultural y territorio: una reflexión en torno a las comunidades

Estados www.lanic.utexas.edu/project/etext/Colson/15/15-3.pdf.(Feb

Unidos.

2002 www.transcom.ox.ac.uk/working%20papers/WPTC-02-02%20Vertovec.pdf.(May

Vertovec, Steven. Conceiving and Researching Transnationalism.

www.transcom.ox.ac.uk/working%20papers/conceiving.pdf.(May

Waldinger, Roger D., & David Fitzgerald. Immigrant "Transnationalism" Reconsidered.

http://repositories.cdlib.org/uclasoc/5/

Woo, Morales Ofelia. Las mujeres en la migración mexicana hacia Estados Unidos y su

condición de género.

www.inmujeres.gob.mx/extra/migracion/actividades/Guanajuato/Ofelia_Woo.pdf.
2005)

(Enero

10,

Zenteno, Rene. Redes migratorias: ¿acceso y oportunidades para los migrantes?

www.conapo.gob.mx/ publi

Libros

Alba, Francisco. Las migraciones internacionales. México, D. F.: Consejo Nacional para

la Cultura y las Artes. 2000.

Aguilar Zinser, Adolfo y Silvia Núñez García (Compiladores). México en el pensamiento económico,
político y social de los Estados Unidos. México, D. F.: UNAM. 1995.

Amin, Samir. El capitalismo en la era de la globalización. Madrid: Paidós. 2001.

Arango, Joaquín; Fernando Ascensio Lozano; Steven Vertovec; Miguel Moctezuma, y

Stephen Castles. Migración y desarrollo.2003.

Binford, Leigh y María Eugenia D □ Aubeterre (Coordinadores).Conflictos migratorios

transnacionales y respuestas comunitarias. Puebla, México: Instituto de Ciencias

Sociales y Humanidades-BUAP. 2000.

Borisovna Biriukova, Luzmila. Vivir un espacio. Movilidad geográfica de la población.

(Huejotzingo, Puebla, 1970-1999). Puebla, México: Instituto de Ciencias Sociales y Humanidades-BUAP. 2002.

Bustamante, Jorge A. y Cornelius A. Wayne (Coordinadores). Retos de las relaciones entre México y Estados Unidos, México, D. F.: Fondo de Cultura Económica.1989.

Bustamante, Jorge A. Cruzar la línea: migración de México a los Estados Unidos. México, D. F.: Fondo de Cultura Económica. 1997.

Castillo, Manuel Ángel, Alfredo Lattes; Jorge Santibáñez (Coordinadores). Migración y fronteras. Tijuana, B. C.: El Colegio de la Frontera Norte. 2000.

Cooper, Jennifer, Teresita de Barbieri, Teresa Rendón, Estela Suárez y Esperanza Tuñón (Compiladoras). Fuerza de trabajo femenina urbana en México: características y tendencias. México, D. F.: Miguel Ángel Porrúa. 1989.

Davidow, Jeffrey. El oso y el puercoespín. México, D. F.: Grijalbo. 2003.

Díez-Cañedo Ruiz. La migración indocumentada de México a los Estados Unidos: un nuevo enfoque. México, D. F.: Fondo de Cultura Económica. 1984.

Durand, Jorge y Douglas S.Massey. Clandestinos: migración México-Estados Unidos en los albores del siglo XXI. México, D. F.: Miguel Ángel Porrúa. 2003.

Escobar Latapí, Agustín; Frank D. Bean y Sydney Weintraub. La dinámica de la emigración mexicana. México, D. F.: Miguel Ángel Porrúa. 1999.

Gastélum, María de los Ángeles. Migración de trabajadores mexicanos indocumentados a los Estados Unidos. México, D. F.: UNAM. 1991.

Giddens, Anthony. Un mundo desbocado: los efectos de la globalización en nuestras vidas. México, D. F.: Taurus. 1999.

Goméz Arnau, Remedios. México y la protección de sus nacionales en Estados Unidos.

México, D. F.: UNAM. 1990.

Gregorio Gil, Carmen. Migración femenina: Su impacto en las relaciones de género. Madrid: Narcea. 2003.

Heer, David M. Los mexicanos indocumentados en los Estados Unidos. México, D. F.: Fondo de Cultura Económica. 1993.

Ianni, Octavio. La sociedad global. México, D. F.: Siglo Veintiuno Editores. 2002.

López Villafañe, Víctor. Globalización y regionalización desigual. México, D. F.: Siglo

XXI.1997.

Machuca Ramírez, Jesús Antonio, Internacionalización de

la fuerza de trabajo y acumulación de capital: México-Estados Unidos (1970-1980). México, D. F.:

Instituto Nacional de Antropología e Historia. 1990. Mármora, Lelio. Las políticas de migraciones internacionales. Buenos Aires, Argentina: Paidós. 2002.

Marroni, María da Gloria y María Eugenia Aubeterre Buznego (Coordinadoras). Con

voz propia. Mujeres rurales en los noventa. Puebla, México: Instituto de Ciencias Sociales y Humanidades-BUAP. 2002.

Morales, Patricia. Indocumentados mexicanos. México, D. F.: Grijalbo. 1982.

Poggio, Sara y Ofelia Woo. Migración femenina hacia EUA: Cambio en las relaciones familiares y de género como resultado de la migración. México, D. F.: Edamex. 2000.

Portes, Alejandro; Luis Guarniso; Patricia Landolt. La globalización desde abajo: transnacionalismo inmigrante y desarrollo. La experiencia de Estados Unidos y América Latina. México, D. F.: Miguel Ángel Porrúa. 2003.

Portes, Alejandro y Rubén G. Rumbaut. Immigrant America: A Portrait. University of

California Press. 1996.

Riding, Alan. Vecinos distantes: un retrato de los mexicanos. México, D. F.: Editorial

Planeta. 2001.

Rodríguez Sumano, Abelardo. En las entrañas de Goliat. México, D. F.: Nuevo Siglo.

2001.

Salazar, Ana María. Seguridad nacional hoy: el reto de las democracias. México, D. F.: Nuevo Siglo. 2002.

Schumacher, Ma. Esther (Compiladora). Mitos de las relaciones México-Estados Unidos. México, D. F.: Fondo de Cultura Económica. 1994.

Tuñón Pablos, Esperanza (Coordinadora). Mujeres en la fronteras: Trabajo, salud y migración. (Belice, Guatemala, Estados Unidos y México). México, D. F.: Plaza y Valdés. 2001.

Verea, Mónica. Migración temporal en América del Norte. Propuestas y respuestas.México, D. F.: Universidad Autónoma de México. 2003.

Verea, Mónica y Graciela Hierro (Coordinadoras). Las mujeres en américa del norte al fin del milenio. México, D. F.: Universidad Autónoma de México. 1998.

Segunda parte: el presente
Banco Interamericano de Desarrollo (BID) (2001), <<Capitalización de remesas para desarrollo económico local. Memorando de donantes>>, en http://www.iadb.org/projects/Project.cfm?project=TC0106003&Language =Spanish (consultado el 12 de noviembre de 2009).   [Links]

──────────── (2006), <<Remesas colectivas financian desarrollo de comunidades>>,en   http://www.iadb.org/articulos/2006-05/spanish/remesas-colectivas-financian-desarrollo-de-comunidades-3077.html (consultado el 12 de noviembre de 2009).   [Links]

──────────── (2006), Las remesas como instrumento de desarrollo, Washington, BID/FOMIN.   [Links]

Banco Mundial (BM) (2002), <<Empowerment and Poverty Reduction: A Sourcebook>>,   en http://siteresources.worldbank.org/INTEMPOWERMENT/Resources/4 86312-1095094954594/draft.pdf (consultado el 12 de noviembre de 2009). [Links]

——————— (2005), Perspectivas para la economía mundial 2006, Washington, Banco Mundial.   [Links]

——————— (2006a), <<Cerca de casa: el impacto de las remesas en el desarrollo de AméricaLatina. Cifras más importantes>>, en http://siteresources.worldbank.org/intlacofficeofceinspa/Resources/Remit tancesFactSheet06_Spa.pdf (consultado el 20 de agosto de 2006).   [Links]

——————— (2006b), Global Economic Prospects 2006. Economic Implications of Remittances and Migration, Washington, Banco Mundial. [Links]

——————— (2007), Informe sobre el Desarrollo Mundial 2008: Agricultura para el Desarrollo, Washington, Banco Mundial.   [Links]

Basch, Glick Schiller and Szanton-Blanc (1994), Nations Unbound, Transnational Projects, Postcolonial Predicaments and Deterritorialized Nation-State, Holanda, Gordon & Breach.   [Links]

Bate, Peter (2001), <<Un río de oro. El dinero que los inmigrantes envían a sus países sostiene a sus familias y refuerza la economía de la región. ¿Podría hacer algo más?>>, Bidamérica. Revista del Banco Interamericano de Desarrollo. http://www.iadb.org/idbamerica/index.cfm?thisid=734 (12 de septiembre de 2005).   [Links]

Bello, Walden (2006), <<The capitalist conjuncture: over-accumulation, financial crisis, and the retreat from globalization>>, Third World Quarterly, vol. 27, núm. 8.   [Links]

Binford, Leigh (2002), <<Remesas y subdesarrollo en México>>, Relaciones, núm. 90.   [Links]

Canales, Alejandro I. (2008), Vivir del norte. Remesas, desarrollo y pobreza en México, México, Consejo Nacional de Población.   [Links]

Castles, Stephen y Raúl Delgado Wise (2007), <<Introducción. Migración y desarrollo: perspectivas desde el sur>>, en Stephen Castles y Raúl Delgado Wise (coords.), Migración y desarrollo: perspectivas desde el sur, México, Universidad Autónoma de Zacatecas, Secretaría de Gobernación,

Organización Internacional para las migraciones, Miguel Ángel Porrúa.   [Links]

Comisión Mundial sobre las Migraciones Internacionales (CMMI) (2005), <<Las migraciones en un mundo interdependiente: nuevas orientaciones para actuar>>, Informe de la Comisión Mundial sobre las Migraciones Internacionales, en http://www.gcim.org/mm/File/Spanish.pdf (consultado el 11 de enero de 2009).   [Links]

Delgado Wise, Raúl, Humberto Márquez y Óscar Pérez (2007), <<El abaratamiento de la fuerza de trabajo mexicana en la integración económica de México a Estados Unidos>>, El Cotidiano, núm. 143.   [Links]

——————, Humberto Márquez y Héctor Rodríguez (2009), <<Seis tesis para desmitificar el nexo entre migración y desarrollo>>, Migración y Desarrollo, núm. 12.   [Links]

—————— y Humberto Márquez (2007a), <<Para entender la migración a Estados Unidos. El papel de la fuerza de trabajo barata mexicana en el mercado laboral transnacional>>, Problemas del Desarrollo, vol. 38, núm. 149.   [Links]

—————— (2007b), <<Teoría y práctica de la relación dialéctica entre desarrollo y migración>>, Migración y Desarrollo, núm. 9.   [Links]

Faist, Thomas (2000), The Volume and Dynamics of International Migration and Transnational Spaces, New York, Oxford University Press.   [Links]

Fondo Multilateral de Inversiones (FOMIN) (2001), <<Las remesas como instrumento de desarrollo. Directrices para propuestas de nuevos proyectos>>,   en http://idbdocs.iadb.org/wsdocs/getDocument.aspx?docnum=846998 (consultado el 12 de noviembre de 2009).   [Links]

—————— (2004), Remittances to Latin America and the Caribbean: Goals and Recommendations, Washington, Banco Interamericano de Desarrollo, Fondo Multilateral de Inversiones.   [Links]

Guarnizo, Luis y Michael Meter Smith (1998), <<Introduction>>, en Michael Smith y Luis Guarnizo (eds.), Transnationalism from Below, Comparative Urban & Communitive Research (6), New Jersey, Transaction Publishers.   [Links]

Haq, Mahbub ul (1995), Reflections on human development, Oxford, Oxford University Press.   [Links]

Harvey, David (2007a), <<Neoliberalism as Creative Destruction>>, The Annals of the American Academy of Political and Social Science, vol. 610, núm. 21.   [Links]

——————— (2007b), Breve historia del neoliberalismo, Madrid, Akal.   [Links]

Kandel, William y Douglas Massey (2002), <<The Culture of Mexican Migration: A Theoretical and Empirical Analysis>>, Social Forces, vol. 80, núm. 3.   [Links]

Keleey, Brian (2009), International Migration: The Human Face of Globalisation, París, OCDE.   [Links]

Levitt, Peggy y Nina Glick-Schiller (2004), <<Conceptualizing Simultaneity: A Transnational Social Field Perspective on Society>>, International Migration Review 38, pp. 1002-1039.   [Links]

Márquez, Humberto (2005), <<El desarrollo participativo transnacional basado en las organizaciones de migrantes>>, Problemas del Desarrollo, vol. 37, núm. 144.   [Links]

——————— (2006), <<Controversias en el desarrollo económico local basado en las remesas de los migrantes>>, Análisis económico, vol. XXI, núm. 47.   [Links]

——————— (2008a), <<¿Las remesas como instrumento de desarrollo? Entretelones de la emigración mexicana>>, Comercio exterior, vol. 58, núm. 1.   [Links]

——————— (2008b), <<México en vilo: desmantelamiento de la soberanía laboral y dependencia de las remesas>>, Papeles de población, vol. 14, núm. 58.   [Links]

——————— (2010), <<La gran crisis del capitalismo neoliberal>>, Andamios, núm. 13.   [Links]

Meissner, Doris (1992), <<Managing Migrations>>, Foreign Policy, núm. 86.   [Links]

Newland, Kathleen (2007), <<A New Surge of Interest in Migration and Development>>, en Migration Information Source (Special Issue on Migration and Development), Washington, Migration Policy Institute, en: http://www.migrationinformation.org/Feature/display.cfm?id=580#top [Links]

Ocampo, José Antonio (2001), <<Retomar la agenda del desarrollo>>, Revista de la CEPAL, núm. 74.   [Links]

Organización de las Naciones Unidas (ONU) (1987), Informe Brundtland, Nuestro Futuro Común, Nueva York, ONU.   [Links]

—————— (2003), Indicators for Monitoring the Millennium Development Goals: Definitions,   Rationale,   Concepts   and   Sources (ST/ESA/STAT/SER.F/95), Nueva York, ONU.   [Links]

—————— (2005), <<Globalización e interdependencia: migración internacional y desarrollo>> Informe de la Segunda Comisión, http://participacionsocial.sre.gob.mx/docs/incidencia_social_ambito_regio nal_multilateral/agenda_internacional/agenda_y_temas_internacionales/mi gracion/onu_globalizacion.pdf (consultado el 22 de enero de 2008).   [Links]

Organización Internacional del Trabajo (OIT) (2010), Las migraciones como factor de desarrollo. El caso de África Septentrional y Occidental, Ginebra, OIT.   [Links]

Organización Internacional para las Migraciones (OIM) (2003), The Migration-Development Nexus: Evidence and policy Options, Ginebra, OIM.   [Links]

—————(2006), <<Iniciativa internacional sobre migración y desarrollo: la movilidad laboral con miras al desarrollo>>, Nonagésima segunda reunión,   MC/INF/284. http://www.iom.int/jahia/webdav/shared/shared/mainsite/about_iom/es /council/92/MC-INF-284.pdf (consultado el 8 de enero de 2009).   [Links]

—————— (2006), <<La migración internacional y el desarrollo. Perspectivas y experiencias de la Organización Internacional para las

Migraciones (OIM)>>, http://www.un.int/iom/IOM%20Perspectives%20and%20Experiences%20Spanish.pdf (consultado el 30 de junio de 2008). [Links]

Organización para la Cooperación y el Desarrollo Económico (OCDE) (2009), Perspectivas Económicas de América Latina 2009, http://www.oecd.org/document/56/0,3343,en_2649_33973_41581432_1_1_1_1,00.html [Links]

Orozco, Manuel y Steven Wilson (2005), <<Para que las remesas produzcan resultados>>, en Donald Terry y Steven Wilson, Remesas de inmigrantes. Moneda de cambio económico y social, Washington, BID. [Links]

Petras, James y Henry Veltmeyer (2003), La globalización desenmascarada. El imperialismo en el siglo XXI, México, Miguel Ángel Porrúa. [Links]

Programa de las Naciones Unidas para el Desarrollo (PNUD) (2009), Informe sobre desarrollo humano 2009. Superando barreras: movilidad y desarrollo humanos, Nueva York, PNUD. [Links]

————— (1990), Informe sobre Desarrollo Humano 1990, Bogotá, Tercer Mundo Editores. [Links]

Ratha, Dilip (2007), <<Leveraging Remittances for Development>>, Migration Policy Institute, Policy Brief, en http://www.migrationpolicy.org/pubs/MigDevPB_062507.pdf (consultado el 23 de abril de 2009). [Links]

————— (2003), <<Worker's Remittances: An Important and Stable Source of External Development Finance>>, Global Development Finance 2003, Washington, DC, World Bank. [Links]

Sen, Amartya (2000), Desarrollo como libertad, Madrid, Planeta. [Links]

Stiglitz, Joseph (1998), <<More Instruments and Broader Goals: Moving Toward the Post-Washington Consensus>>, UNU-WIDER, Helsinki, en http://www.wider.unu.edu/publications/annual-lectures/en_GB/AL2/ (consultado el 9 de febrero de 2009). [Links]

Terry, Donald y Gregory Pedrodv (2006), <<Las remesas como instrumento de desarrollo>>, Washington, BID/FOMIN.   [Links]

─────── (2005), <<Las remesas como instrumento de desarrollo>>, en Donald Terry y Steven Wilson, Remesas de inmigrantes. Moneda de cambio económico y social, Washington, BID.   [Links]

Garrigues, Atonio, Doris Meissner, Robert Hormats y Shijuro Ogata (1993), International Migration Challenges in a New Era, Wao.   [Links]

Todaro, Michael (1976), Internal Migration in Developing Countries: A Review of Theory, Evidence, Methodology and Research Priorities, Geneva, International Labour Office.   [Links]

U.S. Commission for the Study of International Migration and Cooperative Economic Development (1990), Unauthorized Migration: An Economic Development Response, Washington, GPO.   [Links]

ABOUT THE AUTHOR

Emeterio Guevara Ramos, es miembro fundador de la Sociedad Mexicana de Estudios Electorales. Desde 1989 ha escrito más de 500 artículos de fondo sobre análisis político y social en revistas estatales y nacionales. Ha participado con ponencias sobre democracia, geografía electoral, reforma de Estado y temas económicos en foros nacionales en 34 países. Posee 3 grados de maestría. Una pasantía (España) y un grado de doctorado (Inglaterra). Su anterior libro "Globalización, 'un futuro imposible? se convirtió en un Bestseller en Amazon. Este es su vigésimo sexto libro.

43157484R00086

Made in the USA
Columbia, SC
20 December 2018